尽善尽美　　弗求弗迪

BORDERCROSSING

跨界

打通线上线下
—— 构建商业闭环

谭承军◎著

电子工业出版社.

Publishing House of Electronics Industry

北京·BEIJING

内 容 简 介

本书从提升企业盈利能力的角度出发，系统地阐述了移动互联网时代下企业盈利变现的创新逻辑。在各个方面的阐述中，本书立足于促成商业变现的最终目标，整合了当下最成功的跨界案例，并以众多互联网大咖的创业、创新实践为依托，深入浅出地解构了当下企业实现最终盈利的各种创新模式，希望能够帮助广大读者尽可能快速地学会创业盈利，并且收获事业上的成功。

本书可供创业者、企业领导者、一般运营人员，以及互联网爱好者等绝大多数职场人士阅读。

图书在版编目（CIP）数据

跨界：打通线上线下，构建商业闭环 / 谭承军著. —北京：电子工业出版社，2016.8
ISBN 978-7-121-29362-7

Ⅰ.①跨…　Ⅱ.①谭…　Ⅲ.①互联网络－应用－企业管理－研究　Ⅳ.①F270.7

中国版本图书馆CIP数据核字（2016）第157841号

责任编辑：郝黎明
印　　刷：三河市兴达印务有限公司
装　　订：三河市兴达印务有限公司
出版发行：电子工业出版社
　　　　　北京市海淀区万寿路173信箱　　邮编：100036
开　　本：720×1000　1/16　印张：17.5　字数：224千字
版　　次：2016年8月第1版
印　　次：2016年8月第1次印刷
定　　价：42.00 元

凡所购买电子工业出版社图书有缺损问题，请向购买书店调换。若书店售缺，请与本社发行部联系，联系及邮购电话：（010）88254888，88258888。
质量投诉请发邮件至zlts@phei.com.cn，盗版侵权举报请发邮件至dbqq@phei.com.cn。
本书咨询联系方式：（010）57565890，meidipub@phei.com.cn。

全民互联时代到来，跨界、颠覆、微创新、降维攻击等一系列关键词清晰地勾勒出了当下商业世界的复杂和多变。

一方面，以百度、阿里巴巴、腾讯、小米、京东、360 等互联网企业为代表的互联网阵营发展形势一片大好。而另一方面，大批的传统企业也不甘落后，正在悄无声息地参与到革命中来，在互联网企业不断布局生态的同时，它们也在以跨界生长和分裂重组的方式进行着颠覆与再生。

互联网企业要将生态布置向哪里？传统企业要如何实现借道超车？这些都是当下的中国企业家们和广大创业者关心的问题。2015年年初，李克强总理在"两会"期间格外强调了"互联网 +"的思想，宛若灯塔一般，给当下迷茫中的企业和企业领导者指明了方向。

所谓的"互联网 +"，即一种新的经济形态，以互联网思维和方式架构传统行业，实现跨界式创业、创新和颠覆。这条政策为传统企业提供了一个发展的方向，传统企业必须用移动互联网时代的思维和方式去跨界，自己颠覆自己，实现新的突破。

在"互联网 +"的大潮推动下，传统企业、互联网企业和一些新兴的创业企业，都纷纷加入了依托自身优势的跨界浪潮当中，打破传统，实现创新。无论商业模式再怎么变化，最终实现盈利才可以算作是成功的商业模式。

为了帮助广大创业者和企业更多地了解在跨界的过程中如何一步步实现盈利，笔者撰写了这本书，从发现痛点需求、执行差异化竞争、打造尖叫型产品、推进产品连接、塑造极致服务体验、完善内容营销、连接线上线下、实现盈利变现等 8 个方面，系统地阐述了移动互联网时代下企业盈利变现的创新逻辑。

衷心地希望本书能给广大读者朋友在工作和生活中带来帮助。如果您发现书中的不足之处，还请提出宝贵的意见和建议。移动互联之路变幻莫测，我们还需要一起学习，一起创造，一起颠覆。

作者

C目 录
ONTENTS

第3章　打造产品的尖叫点 / 69

尖叫点是企业产品值得让用户为之尖叫的某个话题点，也是产品的口碑落地点，某一款产品打造出了自己的尖叫点，就能够快速引爆移动互联网的传播。

第4章　产品逻辑和连接策略 / 103

企业的跨界行为，最终还是会落到产品的体验上。移动互联网时代企业除了要研发、打造超越用户预期、让其尖叫的产品外，还要注重产品逻辑和产品链完整性塑造，这样才能打造出品牌，构建强关系。

第5章　极致的服务体验　/ 137

极致和体验是互联网经济下最常见的两种思维，而把体验做到极致更是跨界创新一项不可或缺的重要元素。在同质化竞争异常激烈的今天，只有在细节上做到极致，将服务与体验同产品一起，做到同步升级，才能真正地打动用户。

第6章　用内容营销引导流量　/ 171

在这个情怀至上的年代，内容传播用最为直观的手法打动着消费者潜在的价值观和需求点，并且对品牌营销起着推波助澜的作用。

第7章　构建线上线下的商业闭环　/ 205

当O2O大行其道时，企业闭环变得尤为重要。只有当线上的营销宣传、推广等引流工作与线下服务充分连接，才算初步完成了商业模式的闭环。

第 8 章　嵌入商业变现和盈利点 / 239

> 流量是互联网估值的重要依据，也是众多企业关注的重点，但再多的流量不能变现，也并不足以支撑起商业闭环。只有当企业找到了恰当的盈利点，让流量得以变现，商业闭环才足够彻底。

第 1 章

找准痛点，抓住需求

需求是企业存在和实现盈利的最基本要求，而痛点就是用户最迫切的需求。

需求是存在的基本意义

有很多创业者都没有弄清一个问题，到底是企业需要客户，还是客户需要企业。大多数人都错误地认为，是企业需要客户，企业的兴衰取决于用户的多寡。然而，事实却并非如此。

认为企业需要客户，所以拼命地开发客户，这种观念是错误的。问问你自己，当初你为什么要选择做这一行？是你觉得做这一行的客户都很傻，很容易忽悠吗？不是。是因为你认为这一行的客户需求大，客户需要这一行，需要有一个企业给他们创造出某种产品。

想一想，是因为出现了火车，所以人们才会有提高出行速度的需求吗？是因为先有了电话，才有了人们联系远方亲人的需求吗？是因为有了豆浆和油条，人们才有了吃早餐的需求吗？都不是，都是因为人们先有了需求，才诞生了火车、电话等产品。

事实上，任何一个领域都是如此，无一不是先有客户需求，然后才会有相应的产品出现。所以，是客户需要企业，而非企业需要客户。甚至可以说，需求才是企业和产品之所以存在的基本意义。

既然是需求决定存在，那么为什么有那么多人需要吃饭、穿衣、出行、交友，而你的公司却总是没有客户光顾呢？这就需要你在创业之前首先思考这样一个问题：我的公司有没有真正地为客户解决问题？

早在母系氏族社会时期，受到生产力发展水平的制约，虽然出现了能够储存的生活资料，但依旧无法满足人们生存和发展的需求。虽然生产和生活资料处于公有的情况，但人体生理上的饥饿感必然会促使各个氏族成员企图得到更多的生活资料甚至是私自占有一些生活资料，这就为私有制的诞生提供了主观条件。

随着生产力的不断发展，可储存的生活资料数量越来越多，生活资料和人们需求之间的矛盾激发了氏族内部各家庭对于生活资料的争夺，这种斗争最终导致生活资料公有的情况被打破，以粮食为主的生活资料被分配出去，由各个家庭独立占有、自主支配，至此，私有制的萌芽就诞生了。

可以说，正是人们为了生存和发展而日益增长的消费需求推动了生活资料私有制的产生。先有问题、有需求，然后才有解决问题的方法，才有满足需求的手段。16年前，马云也正是意识到了这一点，才萌生了创建阿里巴巴的念头。

创建阿里巴巴之前马云便意识到，电子商务行业的发展过程将是互联网商业的一个时代缩影，网络将遗憾变成了机会，同时也带来了诸多新事物、新理论和新的变化，然而，作为势单力孤的小微企业和个人，在这样的大机遇下，却仍然缺少顺利成长的客观条件。

所以，马云告诉阿里巴巴的"十八罗汉"，告诉所有员工，阿里巴巴的企业使命是帮助所有小微企业和个人，让天下没有难做的生意。正是这一使命，赋予了阿里人一个改变世界、帮助小微企业解决生存难问题的神圣职责，给阿里巴巴指明了前进的方向。

世界上最难生存的是小微企业，而我们当中，大多数创业者最初所创建的也都是小微企业。可以说，马云的创业尚未开始，便已经站在了胜利的制高点上。他立志将所有中小企业放到他的平台上，让市场公开化，让信息对等化，让所有企业都有公平竞争和自由生存的权利，

3

从而实现其让天下生意变得简单好做的目标。

为此，阿里团队先后开发出了为广大客户提供信用依据的诚信通产品，为客户提供第三方支付担保的支付宝业务，为小微企业解决贷款难问题的阿里小贷等产品，甚至包括近两年持续升温的娱乐宝及菜鸟物流，全部都是针对小微企业及个体消费者的某一痛点需求而开发的，而这些产品由于高度契合人们的实际需求，所以一经出现便会迅速走红，为阿里巴巴带来丰厚的利润。

管理大师彼得·德鲁克说，"企业的唯一目的就是创造顾客"。企业存在的唯一理由即帮助员工和客户解决问题。倘若你所解决的问题是其他人所解决不了的，那么，你便有巨大的利益空间可以挖掘。

以O2O为例，近两年来，各类O2O项目开展得如火如荼，似乎只要与O2O沾边，企业和创业团队就能够风生水起，左右逢源。然而，事实却是，70%以上的O2O企业在创业3个月内就失败了，原因在于，他们根本不能抓住用户需求，而市场最不需要的就是这类存在。反过来，再看那些以用户需求为核心的O2O企业，阿里帮、e袋洗、河狸家等，都收获了巨大成功。

从2013年下半年开始，京东便紧跟着阿里巴巴、百度等互联网巨头的脚步，开始了自身的O2O布局（图1-1）。2014年3月，京东CEO刘强东对外宣布，"京东零售业务将与万家线下店铺相结合，基于LBS（位置服务），帮助用户以最便捷的方式找到最近的店面完成购物，然后由线下的便利店直接送货上门。"

对此，刘强东进一步解释道："不得不承认，京东目前在平台流量上还比不上阿里巴巴，所以我们还不足吸引服务类的产品入驻。然而，京东的O2O是否有竞争力，并不是靠单一的平台流量决定的。在目前看来，实物类的O2O平台还是一个空白，用户需要这一服务，而京东更有信心做好这一服务。"

图 1-1   京东"携手万家店" O2O 项目启动大会（摘自：百度百家）

客观地讲，京东在 O2O 领域的布局比其他国内巨头都要晚，动作幅度也并不算大，但依托对用户需求的准确把握和自身强大的物流配送服务能力，在充分利用市场需求和自身优势的基础上，京东的 O2O 业务平台却拥有极强的稳定性。

所以百度创始人李彦宏才会说，"需求才是产品设计的关键，用户需要什么，什么就是最好的商机，而且，一定要记住，用户需求是在时刻变化着的。"事实就是这样，一个模式在某一地域或某一领域取得成功后，并不代表着它便适用于任何情况，在这个处处彰显个性化的时代，一旦用户的需求发生根本性转变，那么，再精美、再有技术含量的好产品也都会成为废品。

那么，用户需求对于产品的影响具体作用在哪些方面呢？

首先，用户需求影响产品的形态。每一款产品的产生和消亡都有其特殊的社会环境，因此，企业或创业团队在提出一个新的产品概念之前，都要做充分的市场调研，发现并发掘用户的消费需求、生活方式的发展趋势等，并以此为依据来决定产品的形态。

例如，在视觉上，无论从形状、色彩、载体等哪一个方面，都要让消费者或用户易于接纳，符合用户的习惯；在功能上，最好有一些特殊的功能，以此来满足用户的好奇心，引起用户的兴趣；更新换代时注意循序渐进，给用户一个适应的过程，等等。

其次，用户需求决定产品的设计。随着经济的不断发展，市场竞争也愈演愈烈，优胜劣汰的生存法则也随着市场经济的深入而得到了很好的执行和贯彻。作为以消费者为主导的买方市场，用户的需求才是企业生存发展的原动力，才是产品设计的根本出发点。

产品应该具备什么样的功能，什么样的外观，都是满足消费者各种需求的重要组成部分。

最后，用户需求左右产品的走向。很多企业和商家都推崇这样一句话，"用户就是上帝"，那么不妨也听听这样一句话，"上帝说要有光，于是便有了光"。用户需求什么，市场自然而然就会出现什么样的产品，你不能满足，自然会有人来满足。

手机的发展就是一个最好的例子。从智能手机出现之后，人们就希望能够通过手机完成更多的操作，游戏、音乐、阅读、上网……因此，手机早就摆脱了最初打电话、发短信的定位，而变得越来越"十项全能"，而且这种变化并不会停止，会随着用户的需求而一直改变下去。

同样地，随着手机逐渐代替了电脑的功能，PC端也在发生变化。作为最好的游戏平台，用户对于PC端游戏体验上的需求更加突出，因此各大硬件厂商也相继推出更符合游戏玩家市场需求的产品。

在任何时候，用户对于产品的需求总是千变万化的，并且这种改变是一个不可逆的过程。企业必须了解这些变化，进而创造出适合用户需求的产品。无论是企业还是创业团队，在设计产品和模式的时候，不仅要了解用户当下的需求，也要了解到，技术更新甚至变革以后，用户的动态需求，做到及时地为用户提供良好的体验。

作为最懂得接力群众力量的互联网大佬，雷军在创立小米之初便提出，小米务必要以用户为核心，根据用户的体验和需求进行企业创新。雷军曾经说过："创业时我认真地研究了马化腾、李彦宏、马云等的创业史。我在学习阿里巴巴的历史时学到了三点，最重要的一点是，任何一家大公司的成功，创业基础一定是巨大的市场需求，用户需要什么，你就去做什么，这永远是成功的不变法则。"

所以，小米团队创立以后，最先做的便是市场调查，并且通过大量的调研资料明确了当时国内消费者对手机的根本需求是：技术高、功能好、价格低、品牌亮，其中用户最看重的便是技术！

随着小米 1 和小米 1S 的相继问世并取得了巨大影响，雷军继续深耕于市场，分析客户需求。他发现，随着互联网文化的传播，人们在追求物质享受的同时，也开始注重精神生活的提高。小米的技术水平虽然达到了用户的要求，但与那些拥有绝对品牌声望的同类产品相比，小米便显得势弱了起来。

于是，小米顺势创新，通过发布会的高调"炫酷"，以及《我们的 150 克青春》等"情怀"灌输，既满足了用户对品牌的心理需求，又最大限度地达到了宣传效果（图 1-2）。

除此之外，小米还开创了让粉丝参与产品开发的全新模式，满足用户的创作需求，又能使产品更加符合用户口味，可谓一举两得！

可以毫不夸张地说，互联网思维的核心就是用户思维。因此，互联网时代的创新，也务必要以用户需求为核心。举个最简单的例子，美国 P2P（个人对个人）之王原本是 Prosper，如今已经被 Lending Club 取而代之。而后者的成功关键在于，站在用户的角度思考，进行了"可以自定义时间与利率"的微创新，从而一举夺取了 Prosper 的市场。

图 1-2　小米发布会上米 2 的设计创新（摘自：MIUI 社区）

移动互联网时代可供企业进行创新的地方不胜枚举，而小米和京东这种以用户为核心的产品创新则准确地把握住了现代企业的创新精髓。做传统企业也好，做 O2O 也罢，用户需要什么你就去做什么，永远都是成功的不变法则。

痛点即最大需求和最大机会

从满足用户需求的角度出发，谁能抓住用户需求，并且能满足用户的需求，谁就有机会完成对市场的抢占，甚至实现垄断。然而，用户需求多种多样，哪一个才是最为关键的一点？这就涉及我们耳朵都快听出老茧的痛点思维。需求来源于痛点，痛点是一切的生产力。

所谓痛点，顾名思义，就是让人疼痛的点。中医讲"不通则痛"，而对于品牌和企业而言，就是当用户在使用产品或接受服务的时候，不满意的，抱怨的，让用户感到心痛的接触点。它比一般的需求点更甚，很难被一般产品所满足，但它又确实存在，让用户想起来便不舒服、感到不顺心，这就是用户的痛处。比如，去星巴克买咖啡要排队，春节回家的火车票要"抢"，国产的智能机总会绑定一堆无法卸载的"鸡肋"应用，等等，这些都是目前尚未解决的痛点。

痛点为什么会痛？就是因为问题没有得到解决。又因为痛，人们才愿意花钱去解决它。当一个痛点越深刻的时候，用户解决这一痛点的愿望才越强烈，相应地产品问世时，才能激起用户更加强烈的购买欲望。

从心理学的角度讲，痛点是催生机体活动的动力和源泉。任何一个成功的产品必然能够击中用户的某个或几个痛点。一个痛点是否能够被顺利解决也体现了产品自身的实力。也就是说，谁能挖掘出用户痛点，谁就等于掌握了用户的需求方向，从而把握机会，获得成功。每一个痛点背后，也都是最大的需求和最大的机会——只要你能够解决它。

如今，人们的生活水平不断提高，健康观念也在不断增强，运动越来越成为人们生活中不可或缺的一部分，传统运动方式受场地、教练、中介等诸多条件限制，难以满足用户个性化运动的需求。这些限制条件，每一个都可以挖掘出无数痛点。

由和光同尘（北京）科技有限公司研发，于 2015 年 1 月正式上线的健身 App 全城热练，就是利用互联网整合了各大线下健身房，突破了传统健身时间、地域和课程的限制，为用户提供了一个更实惠、更便捷的健身平台。

在全城热练，用户只要每个月支付 99 元，就能够在其合作的所有场馆进行健身，不受时间、地点和次数的限制。课程除覆盖了瑜伽、器械、球类、舞蹈、游泳等传统大众项目之外，还包含了如射箭、武术等新兴的小众项目。用户直接在线预订自己感兴趣的课程和场馆，预订时间不会超过 1 分钟。

在上线不到一年的时间里，全城热练就整合了北京、上海、深圳、成都等城市线下的千余家健身场馆，在 2015 年 6 月的百度"金熊掌奖"评选中被评为最有市场前景的 App。

再比如医疗行业，单从患者角度来说，挂号难、看病贵是困扰大家多年的痛点，而对于医生而言，薪酬低、灵活性差、医疗资源得不到合理地分配，也限制了他们的发展。所以，才会有一大批像春雨医生、叮当快药等一批互联网医疗企业迅速崛起。

事实上，不仅仅是体育和医疗。从农业、制造业到零售业、服务业，各行各业中痛点无处不在，只要能够找准痛点，可以说遍地都是商机。

2003 年的秋天，年仅 19 岁的伊丽莎白·霍姆斯主动向斯坦福大学提出退学申请，并依靠辍学借贷成立了 Theranos。12 年后，这个在当时被认为自毁前程的小女孩所创立的公司已经达到 90 亿美元的估值。除少数巨头外，敢堪比任何一家互联网企业。

作为 Theranos 的创始人，伊丽莎白在面对记者采访时微笑着说："我最怕的事情就是打针。所以我就常常想，有没有一种颠覆性的验血方式，能够兼具廉价、无痛、时间短、体积小等特点呢？后来，就有了 Theranos 公司。"

Theranos，实际是由 "therapy"（治疗）和 "diagnosis"（诊断）组合而成。针对伊丽莎白所发现的用户痛点，Theranos 发明的血液检测方法收费低廉，且公平透明，只收取用户医保和医疗补贴标准费用一半不到的价格。如果美国所有的血液检测都能按照 Theranos 的价格执行，在未来 10 年内，甚至可以为医疗保险和医疗补贴分别节省 980 亿美元和 1040 亿美元。

另外，就像伊丽莎白所言，她最怕的就是打针，所以，对于那些畏惧打针的用户而言，Theranos 获得专利的抽血方式才是更具吸引力的。无须再去整管取血，用户只需在指尖上点破一个小点儿，取出几滴血即可满足化验要求，甚至感觉不像是被扎，只是被敲了一下，绝对称得上是抽血化验者的福音（图 1-3）。

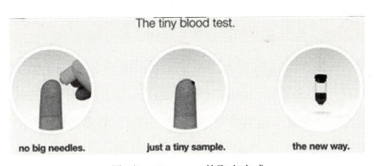

图 1-3　Theranos 的取血方式

伊丽莎白和她所创办的 Theranos，凭借一个小小的抽血创新，既满足了患者不疼的痛点，也满足了医院化简烦琐流程的痛点和政府节省医疗经费的痛点，可谓一举三得，如果算上 Theranos 从中获益这一项，更是完美四赢。

就像雕塑大师奥古斯特·罗丹曾说的那句名言："世界上并不缺少美，而是缺少发现美的眼睛"。在创业的道路上，不妨擦亮双眼，挖一挖用户的深度需求，找准痛点，下一个成功者一定会是你！

和伊丽莎白怕打针一样，康嘉和张旭豪创办"饿了么"的初衷，也是源于自身不理想的外卖体验。大学时代的康嘉和室友们经常在宿舍里打游戏、叫外卖，但除了在厚厚的一叠外卖单中做出选择很困难之外，想吃的不给送，给送的不想吃，外卖的服务、速度、口味都不尽如人意……

于是康嘉和张旭豪连同几个同学一起，决心要改造外卖行业。他们承包了几个餐厅的外卖业务，印制了一些传单，雇用了一些外卖人员和接电话的人员，每个环节都自己做。

外卖生意究竟能做到多大？在"饿了么"刚刚起步的时候，张旭豪和康嘉也给不出一个理想的答案，但时隔 6 年，面对这样的问题，张旭豪可以这样回复："以前也经常有人问，一个卖小商品的企业能做多大呢？"

"卖小商品的"自然指的是阿里巴巴，如今阿里巴巴已经成为全球第二大互联网公司，市值仅次于谷歌。而如今的"饿了么"，也俨然是国内第一大外卖平台，为众多大学生、白领群体提供快速、多样化的外卖服务。张旭豪这样来描述未来中国餐饮外卖行业的场景："坐下来吃饭的人少了，送外卖的人多了，人们的一日三餐，将会越来越依赖于外卖。"

大学生懒得出去吃饭，而当时的外卖又不能给他们提供满意体验，这就是一个痛点，康嘉和张旭豪率先抓住了这一痛点，所以"饿了么"才能在与美团外卖、百度外卖等外卖项目的较量中，占得先机。

在互联网时代，能够抓住用户痛点的产品，才能有好的发展前途，尤其是那些抓住用户并未发觉、但用过之后却觉得十分贴心的痛点的产品，即使所针对的是相对小众的群体，也能取得不错的成果。当然，如果能够抓住大众的痛点，那么成功的可能性会更高。

在移动互联网应用日趋白热化的今天，导购类 App 市场同质化十分严重，不仅产品不具有自己的特色，而且也不能很好地满足消费者的需求。

美妆作为女性购物当中比较热门的一大类别，依然存在着十分明显的信息不对称。而且由于对化妆品消费的个性化要求较高，大家都说好的品牌，不一定每款产品都好用，评价很高的产品，不一定就适合自己。因此，品牌导向的消费模式并不能从根本上满足用户的实际需求。

于是，"美妆心得"创始人兼 CEO 杨雷想要将"美妆心得"打造成一款美妆圈的"大众点评"，作为一个点评数据库，来匹配主流消费市场，帮助用户达成购买决策。不导流、不导购，根据用户的需求，开发了"扫码查口碑"等多个实用的功能，立志于打造一款符合消费者需求的 App。

在上线两年多的时间里，"美妆心得"一直都将重心放在培养用户上，如今每日活跃用户数量已经超过 150 万，总用户数量突破了4000 万，还在 2015 年第十届金瑞奖（iResearch Awards）评选中获得最佳创新奖。

截至 2014 年 12 月，我国网民规模达到了 6.49 亿人，其中女性用户数量达到了 2.83 亿，"美妆心得"抓住了女性化妆品消费当中的痛点，自然也就牢牢抓住了女性消费者的心。并且，随着用户数量和 UGC（用户原创内容）评论的增多，"美妆心得"能够更加直观地了解到用户在关注什么，及时把握市场的风向（图 1-4）。

其实，不管什么样的企业，什么类型的产品，传统企业也好，采取 O2O 模式的创新型企业也罢，创业者都需要从用户的痛点入手，以解决痛点作为产品设计的最高指导思想。因为，痛点往往代表的是真实存在的行业问题，而在其背后往往隐藏着有价值的诉求。

图1-4　"美妆心得"界面（摘自：搜狐网）

古人云："得民心者得天下。"移动互联网时代，痛点就是消费者的民心所向，企业只有抓住痛点、解决痛点，才能在市场逐鹿之中立于不败之地。

如何发现消费者的痛点

需求即痛点，痛点即机会。在"跨界""互联网＋""O2O"等一众词语被炒热之后，"痛点"也不可避免地变成了众企业人和创业者挂在嘴边的一个热词。

毫无疑问，痛点是个好东西，抓住了，并且解决了，就有机会让自己的企业飞黄腾达，所以，没有创业者不喜欢痛点。然而，如何从五花八门的抱怨与无奈中找出真正的痛点呢？

有这样一个段子，在汽车尚未出现之前，有人做了一个关于出行速度的问卷调研，消费者给出的答案大多是：我需要一匹更快的马。那么，用户的痛点到底是什么呢？是"马"，还是"更快"？

很多人都误认为是马，是日行千里、夜行八百的宝马良驹，所以他们将精力全都集中在了去寻找更好的马上，而只有一少部分人意识到了，"马"只是消费者所给出的一个解决方案，"快"才是他们的真正需求，所以才有了后来的汽车，而汽车一经出现，便引领了一个行业的崛起。奔驰、宝马、丰田、福特，无一不是千亿美元级的巨头汽车企业。

事实上，用户通常只会表达自己的不满和愿望，而并不是直接表达出自己的痛点，因为，有时候，甚至连他们自己都不清楚自己的痛点到底在哪里，只能感觉到"这一片都疼"。所以，对于企业而言，只有透过用户不满和抱怨的现象，看到最大、最核心的本质，并找到隐藏在痛点背后的价值变量，才能够契合痛点，打造出利益爆点。

举个例子，在夏天，对于很多人来说，点一份麻辣小龙虾，再配上啤酒，邀三五个好友聊聊天，是极为享受的一件事情。但关于小龙虾是否干净的问题，一直困扰着广大食客们，有各种所谓的"谣言"，也有各种所谓的"辟谣"，众说纷纭。

于是，一些商家认为，"小龙虾很脏吃了对身体不好"这是一个痛点，于是花大价钱和精力去寻找生长环境十分干净的小龙虾，并以此作为核心卖点。最终，这些商家虽然有所盈利，却并没有想象中那么大。

2009年，成都诞生了一家名为"豪虾传"的饭店（图1-5），一经出现，便风靡全城，甚至创下了一个月连开9家分店的火爆记录。在麻辣小龙虾饭店遍地的成都，"豪虾传"不仅发掘出"健康虾"这一痛点，更是在麻和辣上做足了文章。

图1-5 "豪虾传"实体店

"豪虾传"创始人认为，"对于消费小龙虾的用户来说，小龙虾不干净只是二级痛点，又麻又辣的重口味才是一级痛点。即使小龙虾不那么干净，但只要味道很好，食客们仍会光顾，而"豪虾传"的小龙虾既干净又够味儿。就算吃遍整个成都，用户也找不出第二个品牌这么麻辣爽口了。"

截至2015年3月，"豪虾传"已经将店面拓展到全国10多个一、二线城市，更是在大众点评网、嘀嗒团等O2O餐饮网站上做得如火如荼。"豪虾传"的成功提醒广大企业和创业者，在寻找痛点时尤其要抓住用户的核心痛点，围绕核心痛点来创新，才能够把握最大的商机，赢得市场。

一般来说，企业和创业者在寻找用户的核心痛点时往往会遇到以下三大误区。

首先，一定要找到用户最核心的痛点需求，而不是一些其他需求。这些其他需求往往没有经过对用户行为的认真研究，而是从自身的角度出发，想当然地认为这种痛点会引爆市场。就如同上面案例中的小龙虾，只解决这种"不痛不痒"的痛点，并不能完全赢得用户。

其次，创业者或企业的产品团队没有把握好用户的核心痛点，进而导致对产品的定位和核心种子用户的把握存在偏差，没有打造出产品的核心种子用户，或者一味地贪多求全，没有找到产品的核心突破点。

最后，企业和创业团队在寻找核心痛点时，没有从用户的立场和角度出发，而是一味地利用专家的观点，站在自己的角度思考。要知道，企业的产品最终是要面向用户的，站在用户的角度感同身受地寻找用户痛点，才能切合实际地解决用户问题，满足用户的需求。

例如，社区 O2O 项目叮咚小区，从小区社交作为切入点，看似找到了社区 O2O 领域的一片蓝海，但其实却是一片死海，中老年人不接受，年轻人不爱用，最终难以为继。即便曾获得过亿元级别的天使融资，也难逃惨淡收场的结局。2014 年 10 月，叮咚小区被迫宣布资金链断裂，北京办公室关停，上海团队裁员 70% 以上，濒临破产。

叮咚小区无疑给各个创新企业和项目敲响了警钟，虽然痛点之下存在着无数的宝藏，但很多"疑似痛点"背后，往往是万丈深渊。想要绕开陷阱，抓住消费者最核心的痛点，企业就要转变自身的思维，不是站在产品的层面去思考问题，而是关注用户的需求，消费者在生活中使用一个产品，最不满意的方面，往往就是新产品的机会。

简单来说，创新不外乎两个方面："人无我有"和"人有我新"，这也是发现和满足用户痛点的两个基本方面。就像周鸿祎在《我的互联网方法论》一书中所说的："创业，就一定是创新，而创新，你要么发明一个东西，要么把贵的东西变便宜，要么把复杂的东西变简单，互联网产品给客户带来的价值无非如此。"

同行业目前没有人解决的、用户非常需要解决的问题，这种痛点就是所谓的"蓝海"。但是，蓝海并不是每个人都能够发现的，也不是每个"蓝海"都是真正的蓝。大部分企业和创业团队还是处在红海中，希望能够凭借转型和微创新，在红海中开辟出一块蓝海来，也就是做到"人有我新"。

一般说来，"人有我新"往往都是从"更高、更快、更强"这三个角度进行创新的。

"更高"，是性价比更高，或者说是产品和服务的价格能不能更低。怎样花更少的钱来得到同质量，甚至是更高质量的服务，一直都是消费者最关心的问题。当然，如果能免费，就再好不过了。这就是为什么周鸿祎和他的奇虎360一登陆市场，就以横扫千军之势，将以金山毒霸为首的老牌杀毒软件杀了个片甲不留。

"更快"，是提供服务和产品的速度能不能更简捷、高效。随着科技的进步和发展，人们的生活节奏也越来越快，从前寄一封信要等上十天半个月，现在发一封电子邮件只要几秒钟。用户们对于时间也越来越吝啬，谁能够提供更高效快捷的服务和产品，谁就能得到消费者们的青睐。所以即使顺丰的费用比其他快递要高一些，但依然深受消费者的喜爱，就是因为一个字——快。京东之所以能够在电商行业的厮杀中脱颖而出，成为一方霸主，也离不开京东配送的快速。

"更强"，是产品和服务的质量要更强。在降低价格和提高效率的同时，在用户体验上，也要有所提升，没有最好，只有更好。

　　就像刘强东曾经说过的一样："我们做的所有投资，我们发展的一切一切都围绕着三点，要么降低成本，要么提高效率，要么提高用户体验，如果跟这三个没关系的，我们坚决不做。"

　　换句话说，人们总是在追求"如何在有限的时间里，获得尽可能多、尽可能好的需求满足体验"。这是发现痛点的根本所在。

　　现任 e 袋洗 CEO 的陆文勇在 2013 年离开百度，选择在洗衣行业进行 O2O 创业（图 1-6）。当时，他找到了有着 20 多年洗衣行业经验的荣昌集团董事长张荣耀，两人一拍即合。

图 1-6　e 袋洗推广内容

　　张荣耀和陆文勇都认为，在移动互联网时代，不能简单做一个互联网产品，而是要彻底转型。因此，两人一致决定全力打造 e 袋洗这样一个"全国首家在线洗衣平台"，来化解传统洗衣行业的诸多痛点。

　　行业痛点之一，传统洗衣行业的痛点之一是价格贵。因为传统线下洗衣门店的门店房租、人员、设备成本太高，而移动互联网公司则不需要这么多店，e 袋洗就可以通过线上方式完成订单集合。

　　行业痛点之二，传统干洗店无法上门取送。不是每个用户都能就近找到洗衣店，而且洗衣店营业时间恰恰也是用户工作的时间。对此，陆文勇解释 e 袋洗的解决方式时说："我们通过手机和小区众包方式，可以随时随地承接订单，早上 10 点到晚上 24 点都有人做收单服务。"

行业痛点之三，传统干洗店无法实现流程跟踪。e 袋洗可以让用户直接从手机上（包括微信和 App）查到衣服送到了哪家店去洗，什么时候送回来。如果用户希望延迟或固定时间送，也可以随时通知平台方。

行业痛点之四，服务体验感低下。为了提供更强的服务体验，e 袋洗在对接刚需之外，还提供了不少附加服务，如按袋计费，每袋 99 元，一分钟内完成衣物交接，不当面检查衣物，袋子直接封签等。

可以说，e 袋洗的成功，源自于其利用互联网技术打破原有业务中的信息不对称环节，从而实现了效率重建。也可以说，是因为其充分发掘了用户的痛点，从而推动和重构了新的用户需求的诞生。

然而，无论从哪个角度讲，我们都必须意识到一点，那就是，解决痛点必须遵循一定的逻辑。拥有了逻辑之后，即便还没有达到解决痛点的步骤，而只是单纯地将其运用到发掘痛点上，获益也是极大的。通常情况下，解决痛点需要遵循以下几点逻辑。

首先，简单，简单，再简单。以家装 O2O 为例，家装产品消费是消费者家庭消费中最复杂的，从设计到选材，再到施工、安装，以及售后，整个过程既烦琐又漫长，还有极强的专业性，用户往往费尽精力和财力，最后收获的却是不满意的结果。

这样的痛点就决定了 O2O 必须是简单的，要让时间缩短，让效率提升，让质量更高，让用户不再为此而操心，让一切变得简单起来。而这一逻辑，同互联网的简洁思维也是遥相呼应，彼此印证。

其次，让交易信息足够透明。对目前大多数行业而言，商家与用户的信息都是严重不对称的，食客不了解鸡鸭鱼肉的质量标准，手机用户不清楚元件的进货渠道和费用，诸如此类问题，在传统时代很少有人关心，而在强烈要求信息透明化的互联网时代，企业继续让产品信息隐藏在重重迷雾之中，显然是违背社会发展规律的。

再次，坚持个性化的标准化。个性化的标准化，这一逻辑乍听起来似乎十分拗口，但却是 O2O 企业解决用户痛点的一大绝招。诚如元曲名家邓玉宾在《〔中吕〕粉蝶儿·丫鬟环条》中所写的："羊羹虽美，众口难调。"都知道所谓解决用户痛点就是解决用户的终极需求，可是，受到个性化影响，不可能所有人的终极需求（痛点）都是一样的。所以，必须在尊重个性化的基础上，坚持标准化。

以海尔为例。为了跟上全行业 O2O 的步伐，海尔在 2014 年推出了集成家装品牌"有住网"，有住网作为互联网家装平台，旗下主营两大产品：一个是针对企业的"ideahome"，另一个是针对独立用户的"百变加"。其中百变加提出的一个思路即"像做冰箱一样做装修"，基于"轻装修，重装饰"做装修。简单地说，就是在硬装修上坚持标准化，通过软装饰品来实现用户的个性化需求。

最后，构建良好的场景体验。随着移动互联网的发展和 LBS 的应用，场景在 O2O 运营中的作用正在变得越来越大。而事实上，传统企业和单纯的互联网企业之所以要向 O2O 转型，一方面是为了拓宽流量入口，另一方面则是基于场景体验。很多用户正是因为传统企业缺乏方便的线上体验，而互联网企业缺乏更加真实的线下体验，所以才会在消费中迟疑不决。因此，体验痛点也是用户最常见的痛点之一。企业在解决痛点过程中，如果能够构建一个顺畅的、完美的体验场景，其成功概率势必会有所提升。

用大数据评估疼痛指数

2014 年是移动互联网在传统行业商业化大爆发的一年，传统行业和互联网企业纷纷转型、跨界，更是掀起了一大批创业潮，此前从未被过多关注的消费者一下子成了商家重点关注的对象，从头到脚都是痛点。

然而找不到痛点是麻烦，痛点太多一样是麻烦，如何才能在诸多痛点之中找到主要矛盾，并加以解决呢？这就不得不提到大数据。

互联网的快速发展产生了数据分析，数据分析又能够帮助企业将用户的感性判断和感性偏好转化为定量分析，这对于企业分析用户需求和痛点，提升用户体验具有重要意义。

2003 年，亚马逊总裁杰夫·贝佐斯将一家咖啡机商务网站的创始者塞林格邀请到亚马逊，组建了一个名为"亚马逊实验室"的数据挖掘开发与研究团队。该团队完全独立于亚马逊的任何机构，并直接对贝佐斯负责。其主要工作是分析亚马逊公司的数据，想出提高收入、增加利润的新方法。

当时的塞林格还没有成为如今那个人尽皆知的数据挖掘专家，但对数据已经表现出了很高的敏感度。经过研究，他很快发现，亚马逊公司其实完全可以依靠卖广告赚钱。当他把这一发现告诉贝佐斯时，贝佐斯觉得，"亚马逊作为一家电子商务公司，要靠卖广告赚钱，简直糟透了"。然而，作为一位优秀的领导者，贝佐斯并没有阻止塞林格带领团队进行更深入地数据研究。

半年后，经过小范围测试，数据结果显示，塞林格所提出的建议竟然是亚马逊有史以来最赚钱的项目，并且在当年便为亚马逊创造了超过 10 亿美元的收益。

从此以后，亚马逊在坚持确立广告创收的运营战略的同时，也越发注重数据的力量。无论是在执行收购、进行产品创新、开拓全新市场，抑或在制定企业长久发展规划时，都会将数据作为一切决策的基础。而这也是亚马逊之所以能够连续 7 年实现阶梯式稳定增长的原因所在。

比如亚马逊在开发 Kindle 阅读器之前，便针对不同年龄的读者群体进行了详尽地数据调查，最终，在权衡之后，才推出了更适合以 70 后、80 后和 90 后等中青年人群为主体的电子书阅读工具（图 1-7）。

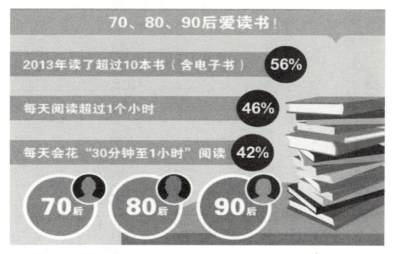

图 1-7　亚马逊网民阅读习惯调查数据（摘自：亚马逊）

近年来，随着大数据在提升产品成功率和提升用户体验上发挥越来越重要的作用，闭门造车的产品经理和运营人员已经不多见了，取而代之的是越来越多的、像塞林格一样重视数据的务实主义者。

我们正处在一个大数据时代，移动互联网的发展将带来更多的碎片化数据。抛开每天要处理 30 亿条搜索，每秒至少要回复 3.4 万个问题的 Google 不谈，就是国内市场的中国移动后台系统，每分钟需要处理的信息数量至少也是过亿级别的。因此，我们必须学会利用大数据，准确发掘用户痛点。

快牙是一个移动终端之间发现和分享数字与内容的平台，是目前全球最快、最便捷、最自由的移动分享工具，通过快牙，用户就可以与朋友分享智能终端上的应用、音乐、照片、视频等，从 2012 年创立以来截至 2014 年底，这款产品已经遍布全球 178 个国家和地区，超过 3 亿用户，传输总量超过 2300 亿 MB，54 个迭代版本。

快牙团队之所以能够发现如此庞大的用户需求与其创始人王晓东的经历有关，王晓东在用手机传送 10MB 的紧急邮件时，以失败告终，从这个失败中，王晓东发现了这个用户痛点。

快牙的出现正值中国低价安卓智能手机进入二三线城市，这些城市的用户对于手机的理解还停留在功能机时代，因此，他们对于文件的共享需求比一线城市更加强烈，发现了这一点，快牙开始打造友盟统计分析平台，从这个平台的数据中，他们对用户的地域分布、活跃时段、分享喜好等了然于心。

当前，查看友盟统计报表是快牙团队成员每天的常规工作，"留存分析""版本发布""行业数据"都是重点关注的指标，每次遇到新产品发布时，快牙产品的运营人员又会紧盯各版本新增、活跃数据、新增版本与用户群体的交叉分析。通过这些数据的分析来不断地跟进用户的需求和痛点，并不断地完成产品迭代。

大数据分析让互联网企业更容易抓住消费者迫切需要解决的痛点，这是互联网企业相较于传统企业的优势所在，也是二者的结合点所在。

"互联网 +" 的本质实际上就是通过 PC 互联网和移动互联网，同传统行业相结合，衍生出更多的新的商业模式和消费模式。而这些模式能否充分挖掘出消费者的消费价值，则必须依靠大数据资源的支撑和大数据技术的分析演算。

举例来说，O2O 运营时想要发掘用户痛点，依赖的也是数据而非感觉。

近些年来，二手车市场的迅速增长，根据 2014 年中国汽车流通协会发布的数据来看，2014 年前 10 个月销量达到 491.19 万辆，交易额为 2944.79 亿元，同比上涨 27.08%，增速远高于同期的新车整体市场。

电商的入局带动了二手车市场交易的增长，而这种高速增长势头反过来更加点燃了电商们的热情。2014 年，"双十一"网上新车销售"你方唱罢"，"双十二"二手车生意就开始在电商平台纷纷登场了。随着阿里巴巴"淘宝二手车交易平台"的成立，国内相关二手车服务网站已经超过 20 家。

与阿里巴巴的其他项目一样，淘宝二手车平台一上线，就展现出了雄厚的实力和强大的行业号召力，与车猫、车易拍、第一车网等国内知名车商达成合作。

合作背后的基础是由淘宝大数据支撑的。通过用户在淘宝上配件的购买，推测用户当前车辆的使用情况和用车偏好，以便商家能够为用户提供更加精准的购车指导和服务。这是线下二手车商无法企及的。

车易拍（北京）运营中心负责人吕鹏表示："（在淘宝平台销售中）基本上每个询盘都会产生一个订单，据我所知，这在淘宝的其他品类是没有的，也超越了我们自己之前的水平。"从订单到支付的转化率接近 30%，每单价格在 20 万元左右。

信息不对等一直是二手车交易的主要问题，同时，车辆评估标准不清、售后无保障、车源客源分散等问题一直是制约二手车市场发展的痼疾，淘宝二手车交易平台也提供了相应的解决措施，如为出售的二手车辆提供专业验车报告和 6 个月到 1 年的质保服务等。

二手车独特的商品属性，决定了这个市场对消费者的不友好，由于年限、里程、车况、车型、款式等诸多因素的影响，二手车的价值很难通过一个标准做定论，每一辆二手车都是一个独立的商品。而淘宝通过大数据技术，很好地将这些数据进行收集和处理，通过大量的分析和计算，能够在一定程度上解决这一问题。一直以来备受信用危机困扰的二手车市场，随着大数据技术的不断发展和完善，必将会得到极大的发展空间。

不只是二手车 O2O 市场，在互联网金融领域，个人信用和交易安全也是用户关注的重中之重。在一个又一个新近崛起的互联网金融产品不断吸引用户关注的同时，谁能帮助用户解决这些安全问题，谁便能够赢得用户，从而获得市场。

对此，深耕互联网金融业已 10 多年的腾讯采用的方法便是：借力大数据，解决小问题。2015 年 4 月 29 日，腾讯旗下全资子公司腾讯征信宣布进一步完善数据体系，建立 QQ、微信用户信用报告。

5 月 5 日，腾讯征信总经理吴丹表示，"腾讯将利用平台上 8 亿活跃用户的数据，与腾讯 15 年运营积累下的反欺诈经验相结合，为个人用户和金融机构用户提供个人征信报告、反欺诈技术等帮助，给予用户更好的金融服务，帮助用户最大程度地降低运营风险。"

吴丹认为，目前尚未被央行征信系统覆盖的人群正是互联网金融所要服务的重点对象。这些用户虽然没有央行的征信记录，但却在腾讯旗下的各种产品上留下了包括社交、支付、浏览等在内的、丰富的数据信息，腾讯征信完全可以利用数据作为维度，深度分析用户的金融行为。

通过对大数据的利用，腾讯征信不仅建立了科学的信用评价体系，为平台上的个人用户提供了可靠的信用证明，也为腾讯平台上的金融机构筛选了大量可靠的用户，实现了二者之间的完美契合（图1-8）。

图 1-8　腾讯征信构建用户金融 O2O 信用报告（摘自：腾讯科技）

虽然大数据对于评估用户疼痛指数和解决用户痛点都有着很好的"疗效"，但值得注意的是，数据也是会骗人的。除了在选取数据时不能以偏概全之外，在分析数据背后的意义和结果时，一定要结合产品自身，从多个维度进行分析。

准确把握用户的核心需求是一个十分复杂且极具技巧性的问题，在对用户核心痛点展开深耕的过程中，企业和创业团队不能过分依赖于数据，还要结合自身和市场的实际情况，具体问题具体分析。

做痛点创新，俘虏用户

在"互联网+"的推动下，传统企业和互联网企业的跨界融合程度不断加深，2014年是移动互联网在传统行业商业化大爆发的一年，在这一年中，商机层出不穷，各式各样的商业模式应运而生。

广大企业和创业者们似乎集体开窍了，纷纷将目光放在了用户的痛点之上。然而，虽然在理论上痛点是很多的，但碍于科技水平的限制，并不是所有的痛点都能够在当下得到满足，所以当无限的企业和创业团队来追逐有限的痛点时，蓝海也变成了红海。

况且，在中国如今的商业环境之下，一旦有产品能够直击痛点，马上就会有一大波相似的产品紧随其后。创业者们的破局之路似乎举步维艰，但只要找对方法，想要杀出重围也绝非难事。

2012年，德国著名的苹果分析师迪尔克·拜克曼在其著作《失去乔布斯，苹果会怎么做》一书中直言："乔布斯和苹果之所以拥有看上去所向披靡的魔力，不惧追赶者的抄袭，是因为他们总能在痛点的基础上，打造出产品的尖叫点，让用户为之倾倒。"

2015年1月29日，苹果发布了2015财年第一财季财务报表。数据显示，苹果公司第一季度营收比去年同期增长了29.5%，高达746亿美元，创下了公司历史之最。

746亿美元在大多数人看来只是个模糊的数字概念，更无法明白这串数字的真正含义。但是，如果从另外一个角度来诠释，我们便能发现它的惊人之处了。

在硅谷巨头当中，微软、英特尔、雅虎、eBay、AMD、IBM六家

公司同季度营收之和，距离746亿美元这个数字还差19亿美元！苹果
为什么能够如此成功？

其实，苹果赢就赢在"让用户尖叫"上。苹果奉行的是典型的爆
品战略，即依靠一两款核心产品（iPhone、iPod），针对用户痛点，
打爆市场。

苹果给予了用户三大尖叫理由。

第一，铝合金外壳。迄今为止，还没有任何一个手机品牌能够将
金属外壳应用到苹果这种至极的轻薄状态。就算是以模仿苹果见长的
小米，也只是在小米4中加入了金属钢圈而已，尚未达到全金属外壳
的超轻覆盖。

第二，超薄的硬体验，不仅仅是手机外壳够薄，苹果手机的整体
都够薄，而且还是持续变薄。iPhone4s的厚度为9.3mm，iPhone5s的
厚度为7.6mm，而iPhone6的厚度则仅为7.1mm（图1-9）。

图1-9 超薄的iPhone6

第三，极具用户黏性的iOS软件体系。在其他手机依赖Android

系统苦苦挣扎时，苹果却依靠自身独具特色的 iOS 系统形成了一个网际互联中枢，帮助用户以更科学省力的方式管理和控制复杂的分布式网络资源。

2014 年 10 月，苹果 iPhone6 和 iPhone6Plus 两款手机上市仅 3 天就卖出 1000 万部，刷新了历代 iPhone 的销售纪录，一个星期 2100 万部的数据同样让同行们望而生畏。整个 2014 年第四季度，苹果累计向全球消费者出售了 6930 万部 iPhone，而这一数字，在 2015 年第一季度被刷新为 7450 万部。苹果仍然在继续书写着属于自己的传奇。

严格意义上讲，苹果是一家高科技公司，是半互联网化，但绝对同 O2O 企业相去甚远。然而，这却并不妨碍创业者们从苹果身上汲取打造让用户尖叫产品的经验。

现在很多企业在抓住痛点之后，只做到了止痛，并没有做到治痛，用户只是达到了一个不疼的状态，但还是不舒服的。从另一个角度来说，对于用户而言，旧的痛点被满足后，他们还有更高的需求。

因此，对于具有前瞻性的企业来说，满足用户的核心痛点和需求只能获得用户的支持、维持一定数量的用户，要想获得用户对企业的忠诚度，甚至像苹果那样使用户变成企业的粉丝，就要让自身的服务和产品能够在满足用户的痛点的同时，让用户感到痛快。

举个简单的例子，在一家生意火爆的餐厅吃饭的用户痛点是什么？不是菜品的价钱，而是用餐高峰期等位的煎熬。有时候等位要等上一两个小时，这使那些不提供等位场所和服务的餐厅的顾客大都因为长时间的等待而失去耐心。

面对这一痛点，"海底捞"通过提供各种优质的服务让用户挪不开步，甚至愿意花时间去等候。手里拿着就餐号的用户坐在等位区一边观察滚动屏幕上的座位信息，一遍享受"海底捞"服务员递过来的免费水果、饮料和零食。

如果是一群朋友的话，服务员还会主动提供扑克牌、跳棋、围棋之类的游戏工具供大家打发时间，网游玩家还可以用计算机玩游戏。对于那些爱美的女士来说，趁着等餐的时间做一个免费的美甲或者擦擦皮鞋都不错。

2013 年 11 月，"海底捞"花费上百万元购入 100 多台美图打印机，顾客在等餐的时候只要通过自己的微信账号给"海底捞"的公众号发送自己需要打印的照片，就可以免费得到两张漂亮有趣的美图照片。

用户不愿意等，那就让用户等得开心、等得舒心，这种解决方式虽然在一定程度上解决了用户不愿意等待的痛点，但实际上，用户依然在等，只不过"海底捞"通过超预期的服务弥补了等待所带来的心理落差，让用户愿意等了。而 2013 年 4 月上线的"美味不用等"，则彻底改变了用户需要等待的局面。

"美味不用等"为用户提供手机领号、排队提醒等服务，用户可以直接在 App 上参与排队。这一举措虽然看起来简单，但为了让消费者能够更自由地支配排队的时间，同时也减少了因为排队过久而流失的客源。

作为同时面向 B 端和 C 端的产品，在商家管理方面，将领号顺序按照时间顺序排列，确保线上线下双方的排队不相互影响，并通过排队、预订、预点支付、会员管理系统为商家实现了流程的完善和优化。在面对用户方面，则提出了信誉考核机制，线上取号而不就餐的，将会扣除用户的信誉点，当初始的十个信誉点降为 0 时，则不再享受线上排队（图 1-10）。

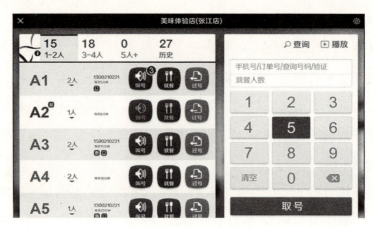

图 1-10　"美味不用等"餐厅排号管理界面（摘自：36Kr）

经过两年的发展，"美味不用等"已经从上海虹口区走向了全国200 多个城市，入驻多个商圈，与超过万家热门餐厅合作，覆盖了全国90% 的排队等位市场，月出单量 900 多万。

在"美味不用等 2014 北京客户答谢会——预见未来智能餐厅"的答谢宴上，"美味不用等"联合创始人陆瑞豪称："美味不用等在不久后会推出美味不用等 3.0 版，这将是用互联网思维颠覆餐饮 O2O 生态链的重要产品。"

无论是海底捞提供超出预期的服务，还是"美味不用等"深度挖掘消费者的痛点，都能够做到痛点创新，俘虏用户。那么，究竟什么样的产品才是能够俘虏用户，让用户尖叫的产品呢？

首先，这款产品必须足够简单，不仅看起来简单，用起来也十分简单。在移动互联网时代，用户对产品的要求更为严苛，要求产品的设计研发者在研发产品时要尽量做到简单好用，不要太过复杂，在用户的眼中不用说明书就可以直接上手操作的产品才是真正的好产品。对于企业来说，操作一款产品，用户的动作越少，实现的功能越多则越能够得到用户的认可。

微信上市之初的对讲功能就是一个尖叫点，在这之前，用户之间想要通话都是通过电话满足的，但是电话费十分昂贵，这就是用户的一个痛点，微信的对讲功能不仅实现了电话的免费，而且不需要普通电话那样先拨号后拨打，只要在说话时轻轻按住页面按钮，说完话松开手不用点击就会自动发送，这种简单的功能设置就是一个尖叫点。

为什么说微信的出现颠覆了三大运营商呢？原因就在于此，它解决了用户之间发短信、发彩信和通话费用昂贵的痛点，同时在此基础上打造出了诸多尖叫点，自然能够吸引大量的用户并增强用户的黏性，使自己迅速强大起来。

其次，能俘房用户的产品和服务必须是符合人性的。从用户的角度出发，一款优秀的产品必须是符合自己的使用习惯和贴心的，只有将产品和服务设计得更加细致和人性化，让用户感受到服务的便利周到，满足其内心深处的想法，这样的产品才能够保持生命力。

小米手机之所以能够在短时间里迅速占领市场，并凝聚一大批忠实粉丝，与 MIUI 的人性化设计是分不开的。每周五小米都会将最新的 MIUI 系统发布在论坛上，之后在周二的时候收集用户们提交上来的体验报告。

小米通过这种"橙色星期五"的互联网开发模式，让用户广泛参与到研发过程当中，也让研发人员能够清楚地知道用户想要什么样的产品。随着"米粉"的不断增多，MIUI 现在已经拥有了一个十万人的"互联网开发团队"，而这一"团队"所研发出来的产品还在吸引更多的人使用 MIUI。

由此可见，痛点是满足用户的需求，尖叫点是让用户感到惊喜，做到这两点，企业的产品和服务就能够牢牢吸引用户的注意力，并将用户培养成为企业的忠实用户。

　　国画里讲究"守黑留白"，然而，互联网时代的产品设计和营销是最不能"留白"的，你的留白往往会成为被对手超越的软肋。因此，一旦发现了一个聚集人气的爆点，那么，不要有丝毫的犹豫，一定要在第一时间抓住它，完善它，并且充分深耕，让它成为俘虏用户的重要力量。

第2章

差异化的竞争策略

无论是在战场上还是在商业竞争中，差异化都是企业出奇制胜的重要手段。当我们无法在正面战场取得胜利时，不妨试一试曲线战术，集中优势兵力攻打市场和竞争者的软肋，出奇制胜。

差异化是企业竞争之根本

企业生存和发展的根本动力在于创新，而创新，不过是八个字：人无我有，人有我新。无论是在新的痛点上做文章，还是深度挖掘已发现的痛点，还是远超预期的服务满足客户，说到底，都是一种差异化的表现。就是让企业提供的产品或服务能够在全行业范围内形成特色。

细数那些成功的公司，无一例外都有属于自己的鲜明特点，并根据这些特点来制定自己的差异化战略。例如，两大国际知名运动品牌耐克和阿迪达斯，前者的优势在于精准而强大的供应链系统，以及与顶尖运动员的关系，在营销上多采用目标用户群所崇拜的体育明星作为代言；而后者则更专注于产品的研发和设计，物流业务更加倾向于外包给第三方企业，在营销上也多采用与世界级的体育赛事紧密联系的策略。

在迈克尔·波特提出的三大基本战略当中，低成本战略和专一化战略越来越难以实现，企业的竞争和客户的细分，最终都以差异化竞争得以体现。好的模式可以借鉴和学习，但如果不能形成自己的特色，终将难逃失败。

当年O2O的飓风从团购行业开始刮起的时候，虽然以星星之火形成了燎原之势，但却没有做到百花齐放、百家争鸣，同质化现象十分严重，瞬息之间就将蓝海挤成了红海。而经过五年的厮杀之后，最终只有大众点评、美团和糯米三家得以幸存，形成了如今三足鼎立的局面。

为什么只有这三家能从激烈的厮杀中存活下来？除了强大的互联网基因和雄厚的财力支持外，与其他团购网站的差异化经营是使得这三家生存下来的重要原因之一。美团最早在移动端发力，大众点评则依托其评价体系，而糯米也从一个单纯的团购网站转型为综合性的生活服务类网站，并主打品牌餐厅折扣。

所以，差异化是企业的核心竞争力，是企业生存的根本。想要在商场中占据一席之地，只有做到独一无二，才不会被后来者所取代。

从 2013 年末滴滴打车和快的打车两大 App 开始烧钱大战之后，出行领域也成了众人争相追逐的焦点。随着 2015 年 10 月政策利好消息传出，交通部对外发布了《网络预约出租汽车经营服务管理暂行办法（征求意见稿）》，拼车俨然成了出行领域最热门的方式之一。

虽然在千团大战中惨淡收场，但在炮火的洗礼中，嘀嗒团收获了宝贵的经验，其所转型的嘀嗒拼车，在同样竞争异常激烈的出行领域屹立不倒，已经成为了拼车领域的 NO.1。

与其他出行方式不同的是，拼车软件当中带有很强的社交属性。嘀嗒拼车采用的约车方式是车主与乘客分别设置自己的出行路线，由系统进行匹配，而车主则根据需求抢单。

嘀嗒拼车的 CEO 宋中杰说，嘀嗒团队有很大的精力都用在了强化社交功能上，这是嘀嗒拼车跟其他同行的差异化优势。

原本嘀嗒拼车也都是陌生人之间的搭乘，但在运行了一年之后，宋中杰和他的团队发现，重复打车的比例在不断提高，目前已经超过了 10%。而随着运营时间的持续增长，"嘀嗒"已经逐渐从一个陌生人的出行平台，变成了半数熟人的出行平台（图 2-1）。

图 2-1　"嘀嗒拼车"界面（摘自：拉勾网）

因此，嘀嗒更加注重社交属性的打造，开始有意识地增加用户之间的互动。比如当车主和乘客之间相互关注之后，乘客在下单的时候，可以更快更方便地看到自己想要的信息。

另一方面，宋中杰始终认为，拼车作为一种本身就带有一定属性的出行方式，拼什么样的车并不会对出行造成多大的影响，与什么样的人拼车才是用户关注的重点。因此，嘀嗒拼车采取全部车型统一定价的方式，让用户更容易遇到顺路、顺心的人，避免因为车型的选择而错过拼车的机会。

2015 年 5 月，嘀嗒 C 轮融资 1 亿美元，将用于扩大用户群。在谈到补贴的时候，宋中杰表示，虽然嘀嗒拼车补贴降低后，用户的使用频率有所下降，但下降的幅度并不是很大，足以说明嘀嗒能够给广大消费者提供良好的用车体验，并且是一种低成本的出行方式。

嘀嗒拼车正是看准了拼车相较于打车、专车等出行方式所具有的独一无二的社交属性，发展成为自身的优势，后来者虽然可以模仿，但差异化优势一旦形成，就很难被打破。

就以第三方支付来说，凭借淘宝网的天然优势，支付宝在第三方支付领域一直都是一骑绝尘，腾讯有心在第三方支付领域一展身手，但由于腾讯拍拍的式微，一直没能与支付宝一较高下。

在微信取代 QQ 成为了移动端的超级流量王者之后，腾讯趁热打铁，利用社交流量的天然优势，将财付通摇身一变，推出了微信支付，再度拉开了与支付宝之间的争夺战。

2014 年 1 月 26 日，腾讯在微信首推"新年红包"，用户关注该账号后，就可以在朋友圈中向亲朋好友发送或领取红包。该功能操作十分简单，关注"新年红包"账号后，用户即可发放普通红包或者拼手气群红包。而抢到红包的用户，则可以将红包中的钱提现到微信所绑定的银行卡上。

微信红包一经推出，就以病毒式的传播方式活跃在各个微信群中，并在除夕当夜全面爆发。微信官方数据表明：除夕当天到初八，超过 800 万用户参与了红包活动，超过 4000 万个红包被领取，平均每人抢了 4～5 个红包。红包活动最高峰是除夕夜，最高峰期间的 1 分钟有 2.5 万个红包被领取。

随着微信红包的火热，微信红包所取得的成绩更是惊人，腾讯方面提供的数据显示：仅春节期间，微信的绑卡用户便突破了 1 亿大关，而支付宝完成这一数字用了整整 8 年。马云甚至将微信红包形容为腾讯的"珍珠港偷袭"。

虽然在 2015 年春节前夕，为了遏制微信红包的疯狂势头，支付宝钱包同样推出了红包功能，但微信支付还是凭借红包赢得了广泛的关注，在第三方支付市场撕开了一个缺口，直逼支付宝。

微信有红包，支付宝也有，微信能够实现好友聊天，支付宝也可以，但支付宝的定位是一个第三方支付平台，聊天只是一个辅助支付的功能，而微信则正好相反，以红包作为切入点，将支付作为了社交当中的一个辅助功能。这种以己之长攻彼之短的差异化竞争，正是微信支付成功的关键（图2-2）。

图2-2　微信6.0版本新增红包功能（制图人：@kache0123）

齐白石曾经说过这样一句话："学我者生，似我者死。"这句话也被许多成功商业模式的创业者引用。懂得借鉴成功的产品和案例的确会少走许多弯路，但是完全模仿他人，最终的结局也将是失败。

作为历史最悠久，同样也是最早开放的餐饮行业，其互联网化的脚步比起其他行业来说，也要更加快一些。2014年，全国餐饮收入27860亿元，面对如此广阔的市场前景，传统企业、互联网企业和创业企业一起发力，从外卖到第三方垂直类餐饮电商，不一而足。但大家的关注点却都集中在消费者身上，一味地争夺用户流量，陷入了同质化竞争的红海当中。

其实，餐饮行业的核心竞争力始终在于产品质量和服务体验，而这些都是由商户端来把握的。将目光从消费者转移到商户上来，将会成为餐饮行业差异化竞争的突围方向。

以易淘食为例，虽然从表面看起来是一家外卖公司，但其称为国内首家 B2B2C 餐饮云服务平台，是行业内率先提出打通商户端的企业。其面向商户端的餐饮互联网电商云服务平台聚网客，通过自行研发的智能餐饮管理系统支持餐饮商户 ERP 系统整合，帮助餐厅实现电子化，自行经营其网上餐厅、手机餐厅，包括 CRM（客户关系管理）、预约管理、排队管理、会员系统、菜单管理及网上点餐、物流配送等模块。

目前聚网客覆盖了 2000 多个餐厅品牌的 2 万多家门店，易淘食也获得了 2000 万美元的 B 轮融资，势头正好。

千团大战的硝烟还没有散去，餐饮行业就又迎来了一个群雄逐鹿的时代，如何通过差异化产品和服务来渗透市场，抢占先机，才是制胜之道。不仅是餐饮行业，全行业都是如此。想要打造有竞争力的差异化产品，企业可以从以下三个方面入手。

第一，技术创新。随着科学技术的进步，技术创新已经成为了产品差异化竞争的最重要的手段。远的不说，移动互联网的出现和普及，对互联网产品产生了革命性的推动作用。所以当广大手机制造商还在功能机的红海里苦苦挣扎的时候，苹果凭借其对智能手机的独特理解，鹤立鸡群。

第二，品牌创新。在竞争激烈的市场中，品牌创新一直都是产品差异化的核心方法。那些有特色的品牌更容易在市场上占据一个领先的地位。

比如路易·威登彰显的是与普通大众需求遥不可及的高端形象，但很多女孩子宁愿省吃俭用也要攒钱购买它；耐克表现出强烈的自我主张概念，这让当下追求时尚、喜欢运动的年轻人为之倾倒；同样都是矿泉水，并不是每个人都能够品尝出味道的差别，但农夫山泉凭借"有点甜"的形象深入人心，这就是品牌的作用。很多时候受到技术水平的限制，产品自身能够实现差异化的地方十分有限，就可以通过塑造品牌特色，来实现差异化。

第三，顾客偏好细分。无论全世界文化和种族多么复杂多样，每个国家自身，都已经具备了异彩纷呈的地域文化。中国幅员辽阔，人口众多，顾客偏好也异常丰富，因此，准确把握顾客的消费习惯，进行有效细分，推出有针对性的产品，也是创新的重要途径之一。

现阶段中国市场的成熟度、地域性的差异化和消费者构成的多样性，都呈现出了极大的复杂性和多边性，每一个细分市场都有着巨大的潜力。因此，企业只要跳出激烈的同质化产品的竞争，就能凭借差异化的战略思想和营销手段，在市场竞争当中脱颖而出。

依托自身优势，发展差异打法

差异化固然是企业竞争的根本，但企业在建立差异化竞争的过程中，要做到有理有据，不能为了差异而差异，毕竟鹤立鸡群是一种差异，鸡立鹤群同样是一种差异。企业要尽可能将自身优势发展成为差异化所在，或是发现差异后将其打造成自身的优势所在。

田忌赛马的故事相信每个人都不陌生。孙膑让田忌用下等马对上等马，用上等马对中等马，用中等马对下等马，实际上就是建立起自己的优势，发展差异打法。以己之长攻彼之短，自然攻无不克，战无不胜。

随着 O2O 兴起所带来的行业竞争的加剧，创业者越来越认识到"专注垂直细分，构建自身优势"的重要性，然而，摆在眼前的事实是，即便是将服务细分到了更精细的专属市场，竞争的残酷性仍然超乎很多人的想象。

以美业 O2O 为例，已经有美甲、美容、美发等专属市场的细分，但目前市场上已知的美容 O2O 企业便包括小美到家、美丽加、美容总监、美丽诊所等十余个大众熟知的品牌。在这样的市场状态下，美到家创始人曾莞晴意识到，美到家想要完成快速突围，就必须找到差距，找到同行业竞争者的薄弱点，建立自身的优势。

经过市场调研，曾莞晴很快便发现，包括自身在内，美业 O2O 市场的服务对象还都停留在女性用户身上，并没有意识到男性用户的美容需求。于是，曾莞晴开始侧重在宣传推广中为美到家招徕男性顾客。

在美到家发展到大概 500 单的时候，终于迎来了第一个男性用户，但这个用户位置十分偏远，在备注中还希望美容师清晨 6 点之前上门。当时，美到家的美容师们曾一度怀疑这人是个变态，或者杀人狂，甚至申请放弃此单。然而，曾莞晴却坚持要求客服与该用户做深入沟通以明确情况，最终确认，原来对方当日要当伴郎，所以才会如此苛刻。

如今，随着使用场景越来越丰富，美到家的男士用户也越来越多了，为参加约会、婚礼、招聘等活动的男士上门美容俨然已经成为美到家的一项重要业务，美到家的男性用户也占到了其总用户数量的 8% 左右，而这在其他美容 O2O 品牌中却是从来不曾达到过的（图 2-3）。

图 2-3　美到家与易到用车合作

另外，在 2014 年中国自媒体年会上，美到家还宣布与互联网第一约租车平台易到用车达成战略合作，将上门美容与用车服务完美结合，让消费者有机会享受到随时随地的"移动美妆车"，这也成为美到家的另一个差异化优势所在。

很多竞争对手都不明白曾莞晴为什么要深耕回报率极低，甚至连传统美容业都从未在乎过的男性用户市场，更不明白好好的上门美容，为什么要跟汽车服务搞到一起去，莫非美到家想给汽车做美容？这也是差异化战略所带来的优势。当你的竞争对手还在盲目防御时，殊不知你已经瞄准了它的弱点。

不只是美业 O2O 竞争十分激烈，作为一个有着符合性需求的行业，社区服务行业的竞争更加复杂多变。传统物业与 O2O 创新企业同台竞技，大家纷纷八仙过海各显神通。

然而，在小区无忧等 O2O 项目在向传统物业管理行业发出挑战的同时，在 2014 年 8 月上线的社区 O2O 平台"邻里间"，则选择与传统物业站在同一战线，通过帮助传统物业管理实现互联网化、提升效率、降低成本。

邻里间所采用的商业模式，与其他同类社区 O2O 产品有着十分显著的区别。它采用与物业深度合作的模式，设计了数十种收费类型，覆盖了社区中大部分收费场景。邻里间为物业提供了多种增值服务，用收入的提高来驱动物业积极响应，使物业摆脱原有的畸形收费模式，实现收入结构的多元化。大数据与精准化营销的应用，也让购买转化率达到了近 30% 的水平。

这种模式很容易被传统物业所接受，因此产品上线才 1 年，就取得了很好的成绩，覆盖了 4 个省份 8 个城市的上万栋楼，服务家庭用户数 180 多万，估值达到 3 亿元人民币。

同时，当传统物业实现了互联网化后，很容易就能够将平台转移到微信公众号上，小区业主可以通过关注物业的微信公众号，与物业公司实现随时随地的联系。公告、账单等的查询，报修、缴费、商品购买甚至邻居之间的相互交流，都能够通过手机实现，大大地便利了社区业主们的生活。

另外，邻里间还为物业公司接入了一个第三方平台，包含了各种社区生活场景内所需求的服务，如商品销售、生鲜配送、洗衣、家政等。这些第三方的服务信息经由邻里间进行大数据分析后，分析结果由物业向业主推送，邻里间和物业分成这一部分的收入。

2015 年 9 月，先后收购了十多家央企物业国有股权的鸿泰德物业集团，将邻里间全盘收入囊中，此次并购完成后，邻里间在传统物业方面所具备的优势还将得到进一步的延伸。

差异化是避免同质化竞争的有力武器，但避免同质化并不是差异化的唯一目的，更是为了顺应消费者的需求。社区 O2O 是建立在服务社区居民的基础上的，上门服务也好，生鲜配送也罢，这些服务的整合都是为了让居民享受到更加便利、高质量的生活（图 2-4）。

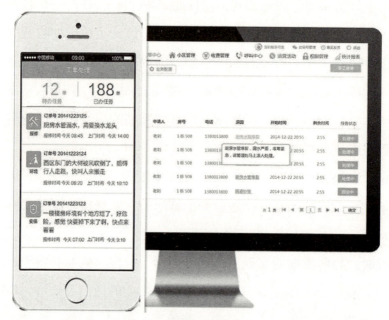

图 2-4　邻里间"一站式"社区 O2O 开放平台界面（摘自：创见网）

物业作为社区生活不可分割的一部分，在很大程度上关系到居民的生活质量，颠覆与对抗必然会遭到传统物管行业的打击和抵制，不利于用户体验。同时，社区 O2O 是需要入口的，物业作为社区服务的天然入口，是社区 O2O 必经的关卡。

因此，邻里间选择与传统物管行业合作，在实现差异化竞争的同时，既满足了用户的需求，又给企业的发展减少了不少阻力，节省了不少资源。

Dell 公司也是通过直营战略实现了差异化，不仅受到了广大用户的欢迎，还使公司的运营成本降低了。

1984 年 Dell 公司创建之初，IBM、苹果、惠普等业界"大鳄"盘踞着市场，计算机行业已经形成了群雄割据的局面。为了在激烈的竞争中获得立足之地，迈克尔·戴尔就直接以差异化战略创办了 Dell 公司。

面对这些实力强大的竞争对手，迈克尔·戴尔并未一味地硬碰，而是避其锋芒，剑走偏锋，使用新的直销渠道的方式来打造供应链。

与传统供应链相比，Dell 公司所建立起来的供应链中没有分销、批发商和零售商，而是直接由 Dell 把产品卖给顾客，再由物流配送服务商进行配送。这就是 Dell 所引以为豪的"把电脑直接销售到使用者手上，去除零售商的利润剥削，把这些省下的钱回馈给消费者"。

在每次交易中，Dell 公司的销售员都会竭尽全力地提醒顾客本公司与竞争者的不同，并且积极指导顾客如何能从这种差异化中获利，从而渐渐地获得了客户的更多认可。

在售后方面，Dell 公司设立了售后代理服务商，这使得 Dell 能够为消费者提供优质的售后服务支持，同时又避免了公司面临"过度庞大的组织结构"的危险。

在库存方面，Dell 始终坚持"零库存"，将目标顾客定位在对计算机有一定了解的有经验的用户，采取个性化的"按需定制"方式。在用户下单后 36 小时内完成装配，5 天内将产品送到用户手上，到货后 24 小时内付款。

这使得 Dell 的零部件年周转次数达到了 15 次，而其他依靠分销商和零售商的竞争对手们往往只有 Dell 的一半。同时，Dell 的运营成本占总营销额的比例也低于 10%，其他主要竞争者的这一指标差不多是 Dell 的两倍。因此，Dell 公司具备了极强的价格竞争优势。

就在一些竞争者保持观望，而另一小部分竞争者有所察觉，最终跟随并试图挑战 Dell 这一战略的时候，迈克尔·戴尔所坚持的这种差异化战略已经使其 Dell 公司占领了绝对的市场份额。

如今，在"互联网+"催生了无限商机的同时，信息传播速度的加快也让竞争在无形中加剧，每一种新的模式都很容易被模仿。在差异化的同时，企业也要注重与时俱进，在不断巩固原有差异的同时，培养新的差异化优势。

作为广受大众喜爱的一款美食，火锅以其强大的包容性和创造性，得到了几乎所有消费者的交口称赞。在遍地都是店铺的火锅行业，怎样能够独树一帜，是所有企业思考的问题。

这其中，"海底捞"就依托自身服务的优势，大打体验牌，凭借差异化打法，赢得了广泛的市场。平心而论，"海底捞"在口味方面，并不见得有多么出色，只能说是普普通通，能够缔造出如今家喻户晓的"神话"，完全得益于其优质贴心的服务。

然而，随着商家服务意识的逐渐觉醒，各商户对于服务的重视都得到了不同程度的提升，在大多数餐厅当中，消费者都能够体验到良好的服务，曾经带给"海底捞"无限辉煌的服务，所具备的差异性正在逐渐减小。

随着"互联网+"的东风吹入各行各业，火锅行业也掀起了一波创业创新的热潮。黄记煌将股权和管理者合为一，让投资商自己当店长，这种创新的连锁经营模式，提高了门店的盈利水平和管理效率；成都的创业企业"来一火"则别出心裁，与200多家火锅店合作，实现了火锅的外送，获得了千万元投资；巴奴毛肚火锅，更是直指海底捞"服务至上"的经营模式，坚持用产品说话，提出"服务不是巴奴的特色，毛肚和菌汤才是"……

科技在进步，社会在进步，人们的需求也在不断进步，因此，企业自身优势的塑造也需要不断进行维护和发展。只有深入挖掘用户需求，及时掌握市场的风向标，将自身优势和差异化长久地保持下去，企业才能在市场上立于不败之地。

专业化是差异化的第二保证

想要长久地保持自身优势，专业化是企业的不二选择。细数目前的国内市场，谈到搜索引擎，必然会想到百度，说到聊天软件，第一反应不是 QQ 就是微信，要在线购买电子产品，往往首选京东商城……难道市场上只有一种搜索引擎、一种聊天工具、一个 3C 电商吗？答案显然是否定的。

百度之后还有搜狗、360 搜索，QQ 微信之余还有米聊跟陌陌，苏宁云商和天猫电器城同样提供 3C 产品的线上销售，但百度、腾讯和京东在这三个领域当中分别都实现了专业化，实现了行业第一，这就使它们区别于其他企业，而在消费者的观念当中脱颖而出。

因为专一，所以专业，因为专业，所以不同。当你的企业在细分领域做到专业的时候，就有机会成为同一领域其他竞争者难以逾越的一座高峰。可见，专业化是实现差异化的一种有效保证。

尤其是在互联网迅速普及之后，企业的产品变得透明化和公开化，用户的眼中往往有第一而没有第二，对更加靠后的企业在消费者眼中更是没有差别。用户资源大量集中在口碑和品牌排名第一的企业身上，而后面的企业能够得到的所剩无几。从这个角度来说，在专业化的基础上进行差异化打法，成功的几率将会更高。

提及过去 20 多年来全球通信行业最为瞩目的事件——华为的崛起和登顶，欧洲一家通信制造商的高管曾经说："华为以价格和技术的破坏性创新，彻底颠覆了通信产业的传统格局，从而让世界绝大多数普通人都能享受到低价优质的信息服务。"事实上，华为创始人任正非并不赞同这样的说法，在他看来，华为之所以能够超越爱立信，成为全球最大的电信基础设备供应商，后来华为 Mate7 又被国家领导人作为国礼送给外国元首的原因只有一个：那就是专注于通信产业这一垂直领域，将产品和服务做到了极致和专业。

尽管华为已经获得了大量的荣耀，也早已成为中国企业的典型代表，但任正非并不满足于此。在任正非的全球化布局领域中，北美特别是美国市场尚未被攻下，一方面受制于军旅出身的影响，另一方面美国严重的贸易保护主义，导致向来所向无敌的华为在北美市场的开拓中步履维艰，如何打开这一困局，最终铺开全球业务，成为华为领导决策层长期以来密切关注的问题。

在 2013 年华为公司年度报告会上，任正非描绘出了大致的战略框架：高度聚焦，集中资源，在单一领域超越美国。他指出："我们是一家能力有限的公司，只能在有限的宽度赶超美国公司。不收窄作用面实现垂直深挖，压强就不会大，就不可能有所突破。……我们只能在针尖大的领域里领先美国公司，如果扩展到火柴头或小木棒那么大，就绝不可能实现这种超越。"

技术是没有国界的，只有在某一领域彻底地超越美国，才能获得对方的尊重和认可，这就是任正非提出"在针尖大的垂直领域领先"的战略法则。

华为最终将针尖对准了"管道"业务。2014 年 4 月 23 日，华为一年一度的全球分析师大会如期召开，公司轮值 CEO 徐直军向媒体详细介绍了公司的"管道"战略。他表示，"华为是能力有限的公司，未来做什么，不做什么，经过几年的思考，现在已经清晰。我们做内容做不过好莱坞，应用做不过微软，所以还是会坚持做好管道。""管道战略是华为公司的核心战略和主航道，未来投资都会围绕这点。"

同年 8 月，任正非在华为人力资源工作汇报会上明确提出了公司未来的战略目标，即："坚持聚焦管道的针尖战略，有效增长，和平崛起，成为 ICT 领导者。"并表示，"未来的业务、人力资源等政策都将作用于这一战略目标的实施。"任正非进一步解释，所谓的针尖战略，其实就是和平崛起。"我们逐渐突进无人区，踩不到各方利益集团的脚，就会和平崛起。坚持这个战略不变化，就有可能在这个时代领先，实际就是超越美国。"

坚持聚焦管道的针尖战略，最终超越美国、实现全球化，这一战略主张体现了任正非对差异化和专业化战略的深刻理解。的确，企业的差异化创新是可以无穷尽的，但是必须有边界，尤其对于创业企业来说，必须要有针对性，只有这样，才能在"针尖大"的领域中制胜，进而赢得世界。

作为另一家走向世界的中国企业的代表，十年来格力空调一直稳居中国空调行业第一名，甚至在全世界范围内，格力家用空调产销量也连续多年居于首位。然而，在 10 年前，中国空调行业的魁首，一直牢牢把控在春兰空调的手中。

从 1973 年第一台春兰空调诞生时起，中国空调行业的很多个第一都被这个品牌摘走，甚至世界第一台静音空调也是在春兰诞生的。

早期的春兰一直坚持主攻 7000 大卡以上的柜式空调和 3000 大卡以下的家用空调，产销量一直居于全国首位。然而春兰集团发展壮大后，春兰开始从空调跨越到了摩托车、汽车、重型机械、多媒体及太阳能电池等诸多产品领域。这也正是春兰噩梦的开始。在进行产品延伸之后，春兰集团连年亏损，被迫退市。

春兰集团从 1995 年确定"立足空调产业，进行产业扩张，形成多元经营框架"的发展战略，而就是在这一年，格力空调的产销量一举跃升至月全国第一，并在日后奠定了行业领先地位。

从制造业的角度来说，专业化也许听起来是一个很难实现的名词，但在服务业，专注与专一就是专业化的另外一种表现形式。用一个时下流行的词来给它重新包装一下的话，专业化也可以表达为"重度垂直"。

当下越来越多的互联网巨头开始通过跨界的方式打造出自己的强大平台，实现巨头之间的平台竞争，从一定程度上看，这种摊大饼式水平扩展的方式使得平台企业实现了全方位的优势。但是，平台的发展过程中存在一个十分明显的问题：平台业务很多，但都没有进行深挖。

尤其是"万能的淘宝"，虽然应有尽有，但并没有哪一个品类是具有绝对竞争优势的。买 3C 商品上京东，买吃的去 1 号店，美妆还有聚美优品，在有更好的选择的情况下，淘宝似乎总是备选项。而这些垂直领域的电商，正是因为做到了专业化，才能在淘宝、天猫的围堵之下，实现突围。Teabox 能够在印度取得不错的成绩，也是同样的道理。

Teabox 是一家专门售卖茶叶的垂直电商公司，在并不产茶的印度，这样一家茶企业能够在短短的三年时间从一个创业团队发展成为融资额超过 1400 万美元的中型互联网企业，凭借的便是 Teabox 垂直战略和在重度垂直基础上构筑的无法复制的服务壁垒。

Teabox 主要是为饮茶爱好者提供上门服务，这看似是个并不赚钱的小生意，但其模式却获得了众多投资者的欣赏和认同（图 2-5）。

图 2-5　Teabox 官网

　　在运营方面，Teabox 可谓将"垂直"两个字做到彻底，不仅选择了茶叶的细分市场，在整个交易的过程中，这家公司也坚持绕开传统企业发货过程中层层的渠道商和中间商，直接通过其平台实现用户与茶园的直接对接。

　　为了成功实现自己的垂直模式，Teabox 直接找到印度与尼泊尔当地 200 多家口碑极好、环境宜人的茶园，并在茶园的周边建起仓库，这样一来，只要茶园里长出了新鲜茶叶，Teabox 团队就会立刻采购，并对茶叶进行真空包装和处理，然后再将茶叶由仓库直接发给全球在 Teabox 官网平台上订购茶叶的用户，一般来说，从茶园到用户的手中整个过程不到一周，而一般的电商公司则要半个月到一个月。

　　当然，如果仅仅是节省时间的话，Teabox 也不可能发展得如此迅猛。真正能够称得上是其服务壁垒的，还是他在重度垂直之下打造出来的一流服务。

　　Teabox 真正意义上做到了让饮茶爱好者能够在非常精细的水平上搭配茶叶。例如，顾客能够自由选择不同的种植园，不同发芽时期的茶叶，在红茶、绿茶、印度香茶和乌龙茶之间自由搭配。而且，Teabox 公司还能为饮茶爱好者提供优质的订阅服务，如用户既可以只购买 10 克茶叶进行试品，也可以一次性购买 100 千克作为自行饮用或营销。

这样贴心和垂直到底的服务满足了饮茶爱好者对茶叶的更高的需求，这也使得 Teabox 迅速成为印度本土电商中具有典型代表意义的"黑马"。

在国内，像 Teabox 一样将某个垂直领域的品类做彻底的企业还不是很多，然而，但凡是能够将专业化、差异化坚持到底的企业，都无一例外地取得了不小的成功。

作为继购物 O2O 之后最火爆的 O2O 市场，我国的餐饮 O2O 领域正处于群雄逐鹿的时代，而在广阔的餐饮市场中，"饿了么"敏锐地将目光聚焦在了细分的外卖 O2O 领域，并且一路成长为"中国互联网历史上增长最快且至今仍未垮掉的公司"。

深度运营、重度垂直是"饿了么"一直坚持的理念。在创业之初，也有人建议张旭豪，在平台做大后，可以将学校的洗衣店、水果店、蛋糕店等都整合进来。张旭豪的回答是："我们现在只专注做外卖，其他事情不考虑。"如今"饿了么"已经成立 6 年，手中的资源也远比当年丰富，但依然保持着高度的专业和专注。

时至今日，"饿了么"已经成为国内最大的快餐外卖平台，拥有线下商户超过 1 万家，日均订单量 100 多万单，峰值逾 200 万单，市场占有率更是高达 60% 以上，俨然有了几分 O2O 时代"小巨头"的风采。而"饿了么"迅速崛起的秘诀，正是走"专业化"道路（图 2-6）。

图 2-6　"饿了么"网上订餐（摘自：乐成新闻）

　　服务业各个细分行业本就千差万别，创业者在对行业没有深入了解的情况下，贸然选择综合类平台的形式，很难为消费者提供满足其消费预期的服务，而从一个重度垂直的行业入手，更容易立足。

　　目前来看，移动互联网时代的赢家大都是重度垂直的"专业化"企业，如深耕美甲的河狸家，只做洗衣的 e 袋洗，专注于出行的滴滴打车，等等。即便是曾经在电商时代风光无限的巨头阿里巴巴、58 同城等，也都是纷纷将自身的 O2O 业务落实到具体的细分市场之中。

　　世界上没有两片完全相同的树叶，做企业同样如此。只有具体问题具体分析，结合实际的企业情景和市场业态，进行适度地调整和创新，走出一条属于自己的专业化道路，你的企业才能真正做到木秀于林而风难摧之。

利用微创新持续打造差异化

创新一直是科技进步和企业发展的不竭动力，但随着互联网信息流通速度的加快，耗时长久的潜心研究已跟不上市场变幻莫测的脚步。当你将自己的产品打磨得光鲜亮丽再推向市场时，可能市场早已被别人占领了。这时，企业想要实现差异化，就需要快速切入市场，不断实现微创新。

在 2010 年 8 月的互联网大会上，360 创始人周鸿祎发表了"用户至上、持续微创新"的演讲，在该演讲中周鸿祎提出了微创新的概念：产品可以不完美，但是只要能够打动用户心里最甜的那个点，将一个问题解决好，有时候就可以实现单点突破，这个过程就叫"微创新"。

由此可见，通过微创新来实现差异化，必须要以用户需求为核心。微创新主要有三个关键词：第一个是微小硬需，也就是说微创新的点必须是用户的痛点，第二个是微小聚焦，即聚焦于一点不断进行微创新，第三个是微小迭代，快速出击，不断试错。只有做到这样，产品才能实现差异化，颠覆对手的同时赢得用户。

在金山工作时，雷军打造了"金山影霸"，这款产品刚刚上市时，一天卖了 150 台，在今天看来，150 台实在太少，但是在当时这个销量是不敢想象的。

随后，雷军为了能最大限度地方便用户，为"金山影霸"添加了自动播放功能，用户只要将光盘放在光驱中，金山影霸就会自动播放，而不需要传统的播放机在插入影碟之后还要选择好文件再进行播放。

这样的小小创新对于技术开发者来说并不是什么难事，但对用户来说，却成为影响其购买这款产品的重要理由。

业界一直将这件事情看作是雷军市场意识的觉醒，其实，这也是雷军微创新意识的觉醒。这种意识的转变，为日后小米很多产品的单点突破，奠定了基础。

比如，"小米电视 2"有一个很无厘头的创新功能叫"帮你找到遥控器"，看起来很无聊，但是很多用户告诉别人，正是因为这个功能所以他们买了这款电视（图 2-7）。原因何在？原来大部分人对于看电视时找不到遥控器这件小事是一个很痛苦的体验，能够找到遥控器，他们自然会考虑这款产品。

图 2-7　"小米电视 2"寻找遥控器功能（摘自：@ 小米公司）

乔布斯作为雷军的偶像，也在微创新方面可谓登峰造极。原本乔布斯只是带领苹果团队想要潜心研究出一款携带方便、音质好、容量大的音乐播放器，然而从 iPod 开始，苹果每一次进行的微创新转变都产生了一个伟大的产品。

　　给 iPod 加上一块屏幕，使其变成了 iPod Touch，给 iTouch 加上一个打电话的功能就变成了 iPhone 的雏形，iTouch 的屏幕进一步扩大就产生了 iPad。随着 iPhone 和 iPad 的屏幕越来越大，功能也越来越多，加之各种功能的一次次微创新，不断地更新换代，产品体验越来越极致，最终赢得了大量的市场。

　　可以说，苹果的一切都来源于为用户打造出极致体验的 iPod，在第一代 iPhone 上市时，iPod 的销量已经超过了 1 个亿，这 1 亿用户不仅为苹果公司带来了利润，更重要的是为苹果创造了口碑和品牌，同时让苹果拥有了消费者体验的数据，正是这样，苹果沿着消费者的需求不断进行更新迭代，发展成为全球市值最高的企业。

　　由此可见，企业产品的差异并不需要形成多么强烈的对比，只要在用户的痛点上做文章，一点一点进行微创新，最终这些微小的创新也能够聚沙成塔，集腋成裘，让产品甚至企业实现蜕变。

　　在腾讯的微信刚刚推出时，手机客户端上与之相类似的产品其实有很多，如小米公司的米聊，但今天俨然已是微信的天下，原因就在于微信持续不断的微创新。

　　2011 年 1 月 24 日，腾讯公司发布了微信 iPhone 版，1 月 27 日发布 Android 版，29 日，发布 Symbian 版。仅 2012 年一年时间，微信团队就完成了 44 次软件更新，基本保持一周迭代一次的频率。

　　微信从 1.0 迭代到 5.0，在这个阶段内发生了质的改变。

　　在微信 1.0 时，只有文字发送和图片分享两个基础功能；在微信 2.0 时，增加了语音发送和语音群聊功能。在此时，微信才积累了一部分用户量。显然，如果微信止步于此，它绝对不会有今天的影响力和成就。

　　微信 3.0 版本中加入了陌生人交友功能——"摇一摇"，微信 4.0 版本新增了相册和朋友圈功能，并开放微信应用平台。这两项功能使得原本毫无内容感的微信变得好玩，大量用户开始利用"摇一摇"功能加好友，并在朋友圈中晒出自己的心情，这两项功能使得微信开始与当时市面上的其他社交软件变得不同，因此赢得了大量市场份额。

经过前两个阶段的积累，微信的用户数量呈直线般上涨，可以说微信已经成为社交软件领域中的新贵，几乎所有的移动互联网用户都在用微信，所产生的巨大流量成为微信的强有力的支撑，此时微信开始进入商业化运营阶段。微信 5.0 加入了游戏和微信支付功能，微信 6.0 增加了小视频和卡包功能。

而微信 7.0 通讯录新增自定义分组图像，将删除好友变为双向删除，朋友圈新增喝倒彩功能，新增热门话题，公众号新增"星标公众号"和批量取消和关注功能。

除了版本的更新之外，2015 年 3 月 5 日，微信正式对外开放"一键连 Wi-Fi 独立申请入口"，这个申请入口也同步在微信公众平台的商家后台发布。这一举动对于微信平台上的企业来说无疑是一个好消息。这意味着更多的商户能够借助这个入口为其用户提供更加便利和精准的场景服务（图 2-8）。

图 2-8　微信连接 Wi-Fi 功能提供近场服务（摘自：手机世界）

　　同样地，米聊在微信的重压之下，也通过不断地微创新调整自己的定位，很好地发展了起来。截止到 2013 年 12 月雷军获得"中国年度经济人物奖"时，米聊用户数量已经达到 4000 万。虽然与微信的用户数量并不在一个数量级上，但对于米聊而言，这已经算是很好的成绩了。

　　如今的微信只在最基本的功能上还保留有那些同质化的影子，综合来看，微信早已今非昔比，与米聊截然不同。

　　微创新法则如今已经成为了团队创业和企业发展的基本常识，而想要打造出一个高效的微创新体系，想要实现差异化优势，还需要以用户需求为出发点，从细节着手，做细、做精、做实。

　　奇虎 360 凭借免费的钥匙打开了市场的大门后，一直坚持围绕用户需求进行微创新。随着计算机和互联网的逐渐普及，互联网产品的用户也逐渐向全年龄段扩展，一些从未接触过计算机和互联网的老人、儿童等人群也开始成为互联网产品的用户，但这些"小白"用户面对复杂的应用时常常束手无策。

　　于是，360 在原有的基础上进行了改进，将所有的产品都设计得十分简单。就以杀毒软件来说，只要一键就可完成扫描，再需要一键就能完成空间清理，一键也可以完成杀毒。这种"傻瓜式"的一键完成迎合了大多数用户的操作体验，自然为 360 带来大量的用户和流量。

　　不仅如此，这个操作简单的一键杀毒功能还在不断进行创新和迭代，360 还利用云计算功能打造出了 360 木马云查杀功能，使得电脑病毒无处躲藏。

　　尽管奇虎 360 已经成为国内互联网行业的一大巨头，但 360 基于用户需求之上的微创新精神从未改变，这也是 360 始终保持良好发展势头的关键。

　　微创新中所谓的"做细"是指从细微的需求出发，满足用户对产品的期待。用户的需求是多种多样的，也是随着科技的发展不断增加的，谁能够不断通过微创新满足用户的这些细微需求，谁就能抓住用户市场。

在众人纷纷进入外卖和生鲜配送市场的时候，青年菜君的创始人陈文敏锐地发现了这二者之中可以生存的夹缝。2013年，还在一家IT公司工作的陈文，每天下班又累又饿地走出地铁的时候，总是面临周边小贩售卖的食物所造成的生理和心理上的双重打击，想吃又不敢吃。

小摊和外卖没有自己做的放心，而上班族每日下班到家后再准备晚饭食材又会将时间拖得很晚，每天在餐厅吃钱包又受不了，于是为了北漂们能够吃上便捷、安全的晚餐，陈文想了一个办法——在地铁口创办一家出售半成品净菜的实体店。

经过充分的调研，陈文、任牧、黄炽威发现生鲜配送行业有两个问题：一个是损耗，另一个则是冷链宅配。在确定了痛点的基础上，三位合伙人将"青年菜君"的商业模式确定为，"当天下单，次日配送"的方式，根据订单进行采购、生产、加工，杜绝了损耗；同时将自提点建立在地铁站附近，巧妙地解决了冷链宅配问题。

在正式上线后，"青年菜君"一直坚持用认真的态度对待食物，在很多细节方面做到了差异化和微创新。比如，肉片要切多厚、土豆丝要切多长、调料要怎么配比，等等。

从2014年3月上线到现在，"青年菜君"以社区自提点为终端节点的物流配送网络已经覆盖了北京五环以内地区，还包括上地、西二旗、清河、西三旗、回龙观等多个区域。

而所谓"做精"就是在以用户为核心的基础上，改善用户体验，将产品的品质和体验打造到极致。

所谓"做实"就是在微创新的过程中将用户的需求理解透彻，并且将相应的微创新方案落实到位，使微创新能够真正解决用户的需求。

由此可见，在移动互联网时代，微创新都是从用户的微小需求和微小体验出发，有时候甚至是让企业做出一些与自己的核心产品关联并不那么紧密的小创新，但是这种微创新所造成的差异化并不小，有可能成为占领市场的另一个砝码。

显然，"一招鲜，吃遍天"的时代已经过去了，企业只有不断地依托自身的优势，进行微创新，发展差异化打法，才能让产品在市场上站稳脚跟，才能不断地获得竞争优势，实现自身的长足发展。

用 O2O 打赢新时代的差异战

生物学上有这样一种概念，称为杂种优势，是指杂交子代在生长、成活、繁殖能力或生产性能等方面均优于双亲均值的现象。而对于企业来说，O2O 就像是互联网思维和传统企业所产生的杂交子代，而这种杂种优势，让 O2O 与传统企业或是纯粹的互联网企业有了天然的差异化优势。

所谓 O2O，即 Online To Offline，是指将线下的商务机会与互联网结合，让互联网成为线下交易的前台，通过线上线下的高效衔接，实现商业变现的一种全新模式。用线上的思维和模式来经营线下传统行业的实体，行业还是那个行业，但模式已经悄悄地发生了变化。

2014 年下半年以来，持续升温的 O2O 终于在国内市场中爆发出了有史以来的最强火花，在各个产业领域，O2O 如雨后春笋般在全国各地兴起。饿了不想出去吃，没关系，叫餐 App 保证您想吃啥就有啥，而且配送到家；下雨天想要打车出行又担心雨中等车，小意思，打车 App 保证你出租车、专车随便选，而且随叫随到；周末懒得收拾房间想要找保洁，OK，只要安装一款家政 App，各种保洁员任你挑。

仿佛一夜之间，衣食住行用……每一个传统行业都蕴涵着无限的想象力。其实需求并没有改变，但互联网人用全新的思维和模式将这些需求重新包装起来，就成为了互联网未来十年发展的大趋势和方向。这就是 O2O 所具备的差异化的力量。

以租车模式为例，兴起于汽车共享观念成熟的欧美的租车，在国外的市场已经十分成熟，但进入中国之后，受到人们出行观念、交通路况、业务流程体系等一系列问题的限制，租车并没有取得很好的成绩。

互联网兴起后，在互联网基因的改造下，租车行业也发生了微妙的变化，在线运营降低了租车公司的运营成本，进而导致租车费用的降低，这极大地推动了租车市场的发展。与此同时，一些国内互联网创业者也看到租车市场的潜力，立足于细分市场，做具有差异化的 O2O 平台，衍生出了专车这样一种模式。

专车的运营车辆由租车公司提供，而运营司机由第三方劳务派遣公司提供，用户在需要用车的时候通过 App 下单。对于深受出租车拒载、挑单、打车难等问题困扰的消费者来说，专车不失为一种很好的出行方式。对于司机来说，工作时间更加灵活自由，不受份子钱的限制。从总体上看，专车这样一种运营方式的出现，提高了资源的利用效率，也为节能减排做出了贡献。

易到用车成立于 2010 年，是中国第一家专业提供专乘约租车服务的电子商务网站。2015 年初，滴滴和快的合并之后，易到用车市场受到了更加广泛的关注，出租车行业大局已定，接下来将会是专车领域的新一轮较量。

然而相比其他专车企业，易到用车除了方便用户出行之外，还有其他的思考。2015 年上海国际车展期间，易到用车购买了 1000 台观致汽车作为专车使用。除此之外，易到用车与很多传统车企都达成了合作，很多车型都成为易到的专车。这不仅给消费者的出行提供了很多选择，也让易到成为一个体验新款车型的平台，为未来消费者购车选择打下一定的基础。此外，易到用车还与普天系能源、庞大、腾式等品牌合作，打造新能源出行方式，共建新能源城市（图 2-9）。

图 2-9 易到用车打造生态平台（摘自：比特网）

作为中国最大的互联网专车出行平台，易到用车的服务已经覆盖了国内外 100 多个城市，还与海尔、奇瑞、博泰合作，成立了"海易出行""易奇汽车"两个公司，从融资租赁和未来造车放行进行深入地挖掘。同时，易到用车还通过与航空、金融、美业等多领域的跨界合作，建立起新的发展模式，探索更多的出行服务成为可能。

易到用车通过互联网思维，实现了与众不同的方式，以租车为出发点，打造了一个多元化的互联网出行平台。这是单纯的互联网公司或传统企业都很难做到的。互联网公司专注于线上，传统企业深植于线下，而 O2O 的出现正好将这两部分的优势结合起来，与单纯的线上和线下都形成差异化。

可以说，O2O 让人与人，人与服务之间的关系更加紧密地连接在了一起。这种基于懒人经济而崛起的划时代的商业模式，正在以一个令人咋舌的速度快速生长着。如果企业不能够主动通过 O2O 实现差异化，就会被其他企业"差异化"。

自 2006 年上市以来，新东方这个名字在国人心中留下了深刻的印象，截止到 2014 年 5 月，新东方教育科技集团已经在全国 50 座城市设立了 56 所学校、31 家书店及 703 家学习中心，累计面授学员 2000 万人次，品牌价值高达 64.23 亿元，在中国品牌 500 强中排名第 94 位。

在过去的近十年中，新东方凭借着其出色的线下英语培训曾经吸引大量二三线城市的求学者不惜花费大量学费、奔波千里，赶到北京、上海的培训现场，只为了听培训名师的一两节课。

然而，近两年，随着移动互联网的传播，越来越多的培训课程视频被免费放在了网上，一些视频虽然收费，但是因其价格便宜、学习方便，受到了越来越多的用户的欢迎。如此一来，培训课程在价值传递的过程中的效率差被打破了，曾经优势明显的新东方也面临被颠覆的危险。

比如，同是专注于外语学习的沪江网便先新东方一步，与新兴网络英语学校 51Talk 达成战略合作，开创了线上线下辅助学习的 O2O 教育模式。而双方的合作并不局限于平台与内容的合作层面，双方各自发挥优势，不仅有利于英语产品供应链的供需整合，还可以尽可能规

避双方的弱点，抵抗互联网巨头 BAT 的强势入侵。比如，沪江网保证
了 51Talk 精准用户的筛选，后者的加入则增添了沪江网生态运转和快
速增长的砝码（图 2-10）。

图 2-10　沪江网校手机客户端

目前，沪江网已经成为横亘在新东方 O2O 之路上的头号对手。而
它这种通过跨界合作实现差异化，并以优势迅速抢占市场的做法也被
新东方创始人俞敏洪又爱又恨。

爱的是，这种以合作弥补短板的方式值得新东方在开发线上教育
的过程中借鉴一二；恨的是，新东方再想像从前那样牢牢地把控教育
这块大蛋糕恐怕短时间内很难实现了。

线上和线下原本是两条平行线，而 O2O 的核心就是打通线上和线
下，形成合力，从而使消费者、平台及 O2O 的合作商家构成一个贯通
的生态系统。在众多 O2O 生态建设的典范中，3W 咖啡可谓是最接地
气者。

随着创投和众筹浪潮的侵袭，越来越多的创业者开始投身于互联
网商业革命之中，在这样的环境下，各种具备互联网人脉资源和投资
背景的创业咖啡馆也开始在全国各大城市落地开花。

然而，包括车库咖啡、光谷咖啡等众多品牌在内的多数创业咖啡企业却都面临着运营模式模糊、收支难以平衡等困境。毫无疑问，3W咖啡馆也曾遭遇过这样的成长烦恼。为了摆脱"成长的烦恼"，形成专业化的运营模式，曾在BAT有过任职的3W咖啡CEO周愿决心推动3W从众筹咖啡向跨界O2O企业的转型。

周愿认为，创业咖啡模式源于美国硅谷，虽名为咖啡，但其主要职能却是整合资源，为创业者和投资人创造信息、项目、资本等对接条件，充当创业的孵化器。而国内所谓的创业咖啡显然还不能完全达到这一高度。

因此，周愿决定，以互联网思维泡咖啡，将3W的公共会客厅、行业协会和创业孵化器三者融为一体，并且定位于互联网商圈，坚持做科技园的标配，以A类旗舰店，B类标准点，以及C类Corner店三种不同模式来为用户提供服务。最重要的是，3W不仅注重跨界产品的打造，还更加注重各个跨界产品的融合。

如今，3W旗下的咖啡馆、孵化器、创投活动、公关公司、招聘网等相关业务已经形成了一个初具移动互联网基因的生态体系。在这个生态系统之中，既有一穷二白的创业者，也有IT界的大佬，既有慧眼识珠的投资人，也有身怀绝技的应聘者。

成立4年来，3W组织了近1000场创业交流沙龙、300多场投资公开课，吸引了超过700名IT圈内中层管理者和专家，并且联合微软、腾讯、百度、华为等举办了多次全行业范围的传播活动，俨然已经形成了极具个性化、立体化的品牌体系。

2014年8月，周愿在展望3W未来时这样说道："传统和互联网的跨界融合不断面临激烈碰撞，而这正是O2O商业之路的精髓所在。将咖啡馆和互联网新科技放在一起，对于传统行业和互联网行业的人才而言都具有不错的吸引力。"仔细想来，确实是这个道理。

作为衔接传统与未来，连接线上与线下的 3W，在跨界运营和生态系统建设方面有着天然的优秀基因，因此可以在新时代的差异战当中如鱼得水，而对于大多数传统企业来说，坚持一砖一瓦地慢慢构建，同样能够打造出自己的差异化优势，形成完美的生态闭环，并最终推动整个企业朝着更好的方向发展。

在互联网技术的飞速发展和步步紧逼之下，单纯的互联网企业放缓了自身发展的步伐，而传统行业已经触及了自身发展的天花板，如果不能自上而下地打破，就要接受来自互联网自上而下的改变。总之，在新时代的差异战当中，谁能率先突破自身，谁就能占得先机，走向最终的成功。

第 3 章

打造产品的尖叫点

尖叫点是企业产品值得让用户为之尖叫的某个话题点，也是产品的口碑落地点，某一款产品打造出了自己的尖叫点，就能够快速引爆移动互联网的传播。

让尖叫声带来好名声

在当下的互联网社会中，消费者的需求和声音被充分挖掘出来，个性化、人性化、智能化成为未来社会发展的主流趋势，在这种趋势之下，同质化、相似性的产品已经无法吸引用户，于是企业纷纷打造差异化，做痛点创新，打造爆品，为的就是让用户尖叫起来。

那么，为什么要让用户尖叫呢？中国有句俗语，称为"酒香不怕巷子深"，结合上句"真金不怕红炉火"，这句话就被多数人理解为：只要产品本身好，就能经受得住市场的检验，不用宣传也能够吸引消费者。然而事实果真如此吗？我们先从一个关于深巷酒香的故事说起。

明清时代在泸州南城营沟头，有一条很深很长的酒巷，附近的八家手工作坊，出产泸州最好的酒，而其中酒巷尽头的那家，是这八家中窖池建得最久、声名最大的一家。

传说在清同治十二年，也就是1873年的时候，出任四川学政的张之洞沿途饮酒作诗来到泸州，一上船就闻到一股令他心旷神怡的酒香，于是遣仆人给他打酒来。这打酒的仆人一去就是一上午，待日过午时，张之洞等得又饥又渴，才见仆人抬着一坛酒一路小跑。

本打算出口责问的张之洞，在闻到仆人打开的酒香之后，也顾不上生气了，连说好酒，畅饮之后又觉得十分甘甜清爽，于是气也消了，问仆人是从哪里打来的酒。

仆人回答说："小人听说营沟头温永盛作坊里的酒最好，所以，小人倒拐拐，走弯弯，穿过长长的酒巷到了最后一家温永盛作坊里买酒。"张之洞点头微笑："真是酒香不怕巷子深啊。"

张之洞为什么突然兴起要让仆人去打酒？因为他闻见了醉人的酒香。而仆人为什么不辞艰辛地跑到巷子最深处去打酒？因为他打听到巷子最深处温永盛作坊里的酒是最好的。这酒香就是作坊的招牌，而仆人之所以能够探听到这家作坊，是因为众人口口相传。

所以，这样来看，"酒香不怕巷子深"说的是有品牌、有口碑的产品，才能让人竞相追逐。远的不说，近些年来发展起来的海外代购行业，除了价格因素之外，品牌和口碑起到了至关重要的作用。而之所以要让消费者尖叫，就是为了打造口碑和品牌。

古代帝王为了歌功颂德要刻石碑作为纪念，古人云："劝君不用镌顽石，路上行人口似碑"。口碑，就是口口相传的众人议论之词，企业和产品想要拥有好的口碑，首先要做到让用户甘愿为你宣传。

如果你的产品和服务很差，差到让人买一次便再也不想买第二次，显然是不可能拥有好口碑的。甚至，当身边人要购买你的产品时，他们还会说"别买了，这家店的东西简直不是人用的……"反过来，倘若你的产品好到无可挑剔，让用户使用过后欲罢不能，那么，即便你不再做任何功课，你的品牌也必将如同装了扬声器一般，传到千家万户。

众所周知，小米科技创立之初，智能手机领域已是一片红海，国际市场上苹果一家独大，三星雄踞第二，虎视眈眈；国内市场华为、联想、中兴三足鼎立，各有所长，大有一副诸强争霸的混战势头。毫无疑问，小米想在这种关头抢占市场，就必须打造出一款可以引起用户尖叫的产品。

雷军认为，iPhone 的成功是"软件、硬件、互联网融为一个整体"

的结果，而其他几大手机厂商走的基本都是硬件公司的路子，因此，小米想要突围，必须偷师苹果，做一家同时做"软件、硬件，也做互联网服务"的公司。于是，在小米手机面世之前，MIUI 系统先一步应运而生，并且成为黏住小米用户的独特爆品。

明确了小米的发展路线后，雷军决定先从小米团队所擅长的软件和操作系统开始，再做手机硬件，从而推进整个市场。

2010 年 4 月，雷军开始组建小米的研发团队，几天后，他在武汉大学的师弟李华兵为他介绍了一个从德信无线出走的业务团队，随后这个团队被更名为"小米工作室"，也就是小米公司的前身。

2010 年 8 月 16 日，小米的第一款产品"MIUI"宣告诞生。这款基于 Android 操作系统的智能手机操作界面一经面市便引起了不错的反响。小米营销团队辛苦招来的 100 位核心体验者一个都没有流失，全都顺利转化成了 MIUI 的忠实粉丝，并且积极地投入到了 MIUI 的宣传中来，为小米拉来了很多粉丝（图 3-1）。

图 3-1　小米为 100 名内测用户献上的微电影（摘自：小米后院）

短短 10 个月，在不依托任何媒体宣传的情况下，MIUI 成功吸引了来自世界各地的 50 多万名手机发烧友，其论坛也从零会员实现了活跃用户高达 30 万的突破。来自 24 个国家的 MIUI 粉丝自发地将 MIUI 升级为当地语言版本。随着 MIUI 系统的大获成功，雷军也开始了最初的手机梦想，投入到了小米手机 1 的研发当中。

其实，从严格意义上讲，MIUI 也不能称之为小米的第一款产品，在 MIUI 之前，小米曾开发过一款颇具人性化的手机 App，大家习惯性地称之为"司机小秘"，也就是后来广为人知的"小米司机"。

作为一款比较成功的服务性软件，小米司机用户流量的变化依旧十分频繁，这也让雷军意识到一个问题，一个产品在吸引了初始用户后，如何能够充分地黏住用户，让用户乐不思蜀，"来了就不想走"？软件开发工程师出身的林斌给出的答案是——更新！

创新和更新是两个意义完全不同却密切相关的词汇，对于 MIUI 系统而言，第一代 MIUI 就是在 Android 操作系统的基础上创新而来的，当时 Android 系统存在着系统卡顿、软件相对质量较差、耗电严重的问题，而 MIUI V1 则直接去掉了原生 Android 的抽屉，将所有 App 直接放到桌面上，而非简单的罗列快捷方式。这样的创新便成功解决了系统卡顿和耗电严重两大难题，在配之以 MIUI 唯美的操作界面，便构成了粉丝钟爱 MIUI 的两大理由。而体验过 MIUI 的发烧友便会向身边的人推荐 MIUI，如此循环扩散。

然而，林斌清楚，以互联网科技的发展速度，MIUI 的这一优势很快就将被其他同类系统所赶超，到那时，黎万强千辛万苦聚集而来的种子用户，便也要失去了。于是，他提出"我们要着重力量研发小米手机，但 MIUI 不能放，必须保证 MIUI 的持续更新，让 MIUI 永葆青春，成为小米不竭的粉丝制造厂"。

林斌的提议得到了雷军等人的一致认同，黎万强更是将 MIUI 用户引进到了 MIUI 系统的改进中来，从 MIUI 2.3 开始，到 MIUI V4，再到 2014 年 8 月发布的 MIUI V6，小米的 MIUI 系统每周五都会完成一次版本的更新和升级。这在同行业中是绝无仅有的。而通过不断地更新和升级，MIUI 系统的功能也在日渐强大，日趋完美。在 MIUI V6 的发布会上，MIUI 负责人洪峰甚至骄傲地说："MIUI V6 让手机至少轻了 6 克。"

2013 年 1 月，小米宣布 MIUI 用户突破千万；同年年底，MIUI 全球用户突破 3000 万，在国内已经无人能够与其争锋；2014 年 8 月 17 日，小米官方宣布，MIUI 用户已累积超过 7000 万；而 2015 年 4 月，根据最新数据，MIUI 发烧友已经超过 1 亿人，享誉中、美、俄、德、法等 20 多个国家。

小米一直坚持只做让用户尖叫的产品，也确实做到了这一点，那么，什么样的东西能让用户尖叫呢？用雷军的话来说，好的东西不一定会让人尖叫，便宜的东西不一定会让人尖叫，又好又便宜的东西也不一定会让人尖叫，只有超预期的东西，才会让人尖叫出来。

超出用户的体验，才能称得上真正的体验，也才能持续不断地赢得用户口碑。对于企业来说，打造出让用户尖叫的体验，比大量砸钱投放广告和营销活动积累知名度更有意义。

嘟嘟美甲通过为美甲师和喜欢美甲的女性提供一种对话平台而迅速火了起来，创始人王彪的想法很简单，就是打造一个女性不用出门就可以享受高品质美甲的服务平台，结果产品一推出，就受到了众多美甲师的欢迎，原来美甲师们在理发店或者美容院工作时相当于给别人打工，一个月能赚 5000 元，但是通过嘟嘟美甲服务平台之后，美甲师们可以自主联系客户，并提供上门服务，自己当了老板，美甲师的收入也不断往上涨。

在线下服务时，嘟嘟美甲对美甲师们的服务质量和标准提出了较高的要求，这样消费者一看到上门服务的美甲师们专业化的服装和工具，娴熟的技能和热情友好的服务态度，更重要的是一对一地服务体验，给了用户在理发店或者美容院无法感受到的消费体验，不但如此，服务完毕之后用户还可以获得护手霜作为赠品。这些服务体验大大超出了用户预期，给用户打造了一种尖叫的感觉（图 3-2）。

图 3-2　嘟嘟美甲 App 界面新人 1 元美甲活动（摘自：亿欧网）

当然，嘟嘟美甲在宣传推广上也走过弯路，刚开始路边发广告、发优惠券的效果并不理想，原因在于这是一个上门的服务，但是人们对陌生人始终持一种排斥感和不信任感，如何才能打破这种局面呢？后来嘟嘟美甲想到了一个方式：找一些名人、微博大 V 及用户去体验，体验之后通过朋友圈和社交媒体进行分享，让他们当免费的传播媒介，这样基于熟人之间的传播迅速提高了嘟嘟美甲的知名度。正如嘟嘟美甲的创始人王彪所说："让体验服务的用户成为你的免费传播媒体，这或许是线上线下跨界连接创业过程中，性价比最高的一种市场推广方式。"

除了扩大传播范围之外，尖叫所带来的良好口碑还是塑造品牌的利器。品牌价值是一个企业进行品牌管理过程中最为核心的部分，也是企业区别于同类竞争者的重要标志。哈佛商学院教授迈克尔·波特在其著作《竞争优势》一书中说："企业的无形资产主要体现在品牌价值上，任何追求企业持久发展者，都不能无视品牌的竞争力。"

无论是深挖痛点，实现差异化，还是打造超预期的体验，抑或是通过其他的方式方法，只有产品和服务能为用户带去尖叫，用户才能给企业带来好口碑和品牌价值。

用户痛点就是绝对的尖叫点

让用户尖叫能带来如此多的好处，那么，用户的尖叫点在哪里呢？答案很简单，用户的痛点就是产生尖叫点的来源之一。

在中国如今的互联网行业大环境下，信息传播速度快，很多创新又仅仅停留在概念上，并没有实现技术上太大的突破，产品一经问世，马上就会被一大拨后来者所模仿，如果不能让用户尖叫，很快就会淹没在同质产品的海洋当中，没有出头之日。

由于人们生活水平的不断提高，好吃已经不再是人们对餐饮的最高要求，既健康又美味才是消费者所追求的最高境界，可是，当下被眼前的物质利益所迷惑，很多价值观扭曲的不法商贩做毒馒头、黑心油、假鸡蛋、僵尸肉，严重威胁着人们的饮食安全。

2014 年，国家食品药品监督管理系统共查处不符合食品安全标准的案件 8.45 万件，查处不合格食品 146.16 万千克，移送司法机关的违法案件多达 738 件。看到这一痛点后，85 后文艺青年袁韬韬决心创办大厨网，打造一个国内最大的餐饮采购配送 O2O 平台，为用户的饮食安全保驾护航。

相比于传统模式，大厨网的经营过程更加透明化。一方面做到了食材供应商源头的透明化，另一方面则达到了餐饮食材采购、加工、仓储等各个环节的透明化。袁韬韬挑选全中国最优质的供应商和最好的农产品，严格把控安全环节，凭借着自身特有的柔性供应链品控体系，成功打造了一个绝对安全可靠的食材供应体系。

目前，在与大厨网达成长期供货协议的用户中，仅国内大中型餐厅便有 15000 家。由于食品安全上经得住考验，自 2014 年底推出至今，在大厨网购买过食材的用户复购率高达 95% 以上，而且，在其保持持续增长的新用户中，69% 以上来自于老用户的推荐。

消费者担心食品的卫生安全，不透明的供应链和加工、仓储等环节一直是困扰消费者的一大痛点，大厨网把这些环节逐一透明化，除了与市场上已有的生鲜、净菜配送实现了差异化之外，在很大程度上解决了用户的痛点。用户买得放心，吃得安心，自然忍不住"尖叫"："这就是我想要的！"

衣食住行是人们生活当中的四大刚需，也是市场竞争最为激烈的红海，每个创业者都看中了这些市场的无限潜力，想要分一杯羹，但最终能够脱颖而出，让用户眼前一亮的应用却总是寥寥无几。

与食品安全问题异曲同工，一直以来，国内二手车买卖也是一件很痛苦的事情，甚至可以用"糟糕透顶"来形容。车主开着车到市场卖车，经常会被收车的人拦着不让走，而去买车的用户又经常遭遇冷淡对待，无人搭理，有时候好不容易遇到中意的车，却连摸都不让摸一下，更别提试驾。

作为一个汽车爱好者，人人车创始人李健在发现这一问题之后，对二手车市场乱象横生的市场现状做出了分析，他认为，之所以会如此之"乱"，根源在于国内二手车交易没有形成一个诚信机制。车主为了让自己的车卖得更好，谎报使用年限和行驶里程；经销商为了获取丰厚利润在车主和买家之间赚取高额差价。

于是，李健决心创办"人人车"平台，让用户获得最真实的一手信息，让交易透明化，谁都别想"黑"钱，谁都能够避免被"蒙"。

为了更好地完成诚信机制建设，李健将人人车的服务过程分成了三个阶段，即"收车、卖车、售后"。

在收车环节，人人车会派一名专业的评估师到车主家里或工作的地方现场验车，确保车是没问题的，并把车中所有可能有隐患、有破损的地方记录下来。

在第二步的卖车环节，人人车则会找到相应感兴趣的买家，由销售人员带着买家到卖家的面前看车，三方共同完成交易。

交易达成后，服务进入到售后环节，卖方直接打钱给车主，人人车则仅收取车价的 3% 作为服务费，并且为刚刚完成交易的汽车提供包括"一年两万公里的质保""14 天退车的承诺"，以及"在整个联盟体系里面七折的维修保养"等增值服务（图 3-3）。

图 3-3　人人车宣传（摘自：人人车官网）

　　截至 2014 年 12 月，人人车已经得到了雷军顺位资本领投的高达 2000 万美元的融资，其未来前景被业内一致看好。作为一家富有革命性勇气的 O2O 公司，人人车不依靠垄断，不依赖抄袭，更不搞恶意竞争，仅仅是在发掘用户痛点，并且直指核心——解决痛点，用透明的、公开的、更简单直白的产品与服务让用户"尖叫"。

　　从某种意义上讲，创业就像学生考试一样，答案有时候是开放性的，但要领会出题人的意图，抓住考点，才能够写出最标准的答案。互联网时代将用户推到了最前端，这是一个消费者的时代，用户就是出题人，想要让用户尖叫，不仅要掌握他们的痛点，还要知道这一痛点需要怎样去解决。

　　举个最简单的例子，用户饿了，需要一个包子，你给了他一份牛排，你觉得自己已经完全超预期地、圆满地解决了用户的痛点，可是，如果他不喜欢吃牛排呢？所以，我们必须了解的是，想要让用户满意，不仅要找到他的痛点，还要对症下药。

　　2012 年 2 月，为了给中国顾客提供更加便捷有效的消费指导和体验服务，星巴克首次在中国大陆推出了星巴克中国官方手机 App，帮助用户在第一时间获得星巴克的相关信息，并且再次成功的拉近了与中国顾客的感情联系。

　　事实上，早在 2009 年 9 月，星巴克便开始了对用户本质需求的深度探索，并正式上线了其第一个客户端"My Starbucks"。

　　星巴克的主要消费群体是白领，通过该客户端，用户可以更快捷地查询到附近星巴克的店铺，以及店中菜单和饮品的相关信息，这极大地节省了用户寻找星巴克店铺所花费的时间，而且 App 中关于菜单和饮品的介绍，让很多对于星巴克不甚了解的用户节省了点餐的时间，也避免了尴尬。这对于生活节奏快的白领来说，再实用不过了。

随着手机 App 推广的不断深入，星巴克经营者还发现，用户对移动支付的需求十分迫切，相比于现金交易，用户们更喜欢在移动端完成付款过程。于是，2011 年，星巴克又将移动支付功能融入了 App 之中，全球 9000 多家星巴克店的收银处都可以通过扫描二维码进行支付。

2011 年 4 月，为了适应用户较快的生活节奏，更进一步满足用户随时随地订餐的需求，星巴克又创造性地推出了 Mobile Pour 服务。用户走在路上，突然想喝咖啡，只需要打开 App，允许星巴克知道你的位置，并且点好你想要的咖啡，然后继续走路，星巴克就会在最短的时间内将咖啡送到你的面前（图 3-4）。

图 3-4　星巴克的定位配送服务

截至 2014 年 12 月，星巴克在全球范围内，已经有 65% 以上店面实现了每平方英里范围内安排两名专职咖啡配送员的 LBS（定位服务）。而星巴克 App 仅在中国便拥有超过 1000 万的活跃用户，每周 App 的下载量在 10 万次以上。

此外，在 2012 年，星巴克还在其 App 中添加了一款别具匠心的闹铃——Early Bird，用享受打折咖啡的优惠诱惑消费者战胜拖延症，按时起床，改善生活质量。Early Bird 早安闹铃一经推出，便引来了如同潮水般的好评，同时，众多商业营销精英和权威机构也对其赞誉有加，将其视为成功的典范。

IT 界名人李开复曾评价星巴克说："大多数企业微博和 App 的通病就是把传统世界的一切做个大搬家，而完全忽视了用户的本质需要，星巴克则不同，它是以用户需求为主角，让商业诉求扮演配角，所以它才能如此成功。"

为用户节省时间，是一个待解决的痛点，星巴克这种定位配送的服务，无疑极大地满足了用户的需求。试想，当你想喝咖啡的时候，不再是你主动去找一家咖啡店，而是这家咖啡店来找你，这绝对是一个能让用户尖叫的设计。

类似于星巴克 Mobile Pour 和 Early Bird 的设计，并不是一个人人都能够用到的功能，也不是一个时时都会用到的功能，但这样一个小细节，就能够获得用户的青睐。由此可见，尖叫点也未必都是大的创新和突破，在解决痛点的基础上，一点贴心的小设计，也是用户的尖叫点所在。

以微信为例，在使用的过程中有这样一个细节，在你保存了一张图片或是对手机屏幕进行了截屏操作后，如果这时你打开微信的任一聊天窗口，选择"+"号发送其他内容的时候，在这个"+"上方会自动出现一个气泡框，提醒你是否发送刚刚保存或截取的图片。如果是，只需要轻点一下就可以，不用再进入烦琐的选择界面；如果不是，继续你想要进行的操作便可。

当然，最重要的是，无论产品有着怎样的创新和亮点，都要建立在满足消费者基本需求的基础之上，不能够顾此失彼，为了追逐尖叫点，而舍弃了产品最本质的功能和特性。

就以智能手机来说，当下 70% 以上互联网巨头都在研发的智能手机，有侧重照相功能的、有侧重安全功能的、有侧重遥控功能的，然而，从根本上来说，这些功能都只是赠品，手机的通话功能才是用户真正要购买的。用户只是希望，手机在通话功能良好的前提下，能够帮助自己再解决一些额外的问题。

所以，真正要做到让用户尖叫，还是要在回归产品本质的基础上，不断地挖掘用户痛点，推陈出新，颠覆传统，并赋予产品新的内涵。不能只关注用户的尖叫点，舍本逐末，最终成为一个"四不像"，迷失在市场之中。

单品比大众货更容易引发尖叫

互联网技术的发展，带来了广泛的市场和发展的空间，在为创业企业提供了众多机遇与挑战的同时，也制造了诸多诱惑。很显然，无论市场空间有多广阔，都不是一家能够独吞的。想要引发用户的尖叫，大路货是肯定行不通的，需要更加具有针对性的单品。

《名贤集》四言集中有这样一句话："羊羔虽美，众口难调。"每一位用户心中都有专属于自己的审美天平，想要每个人都说好，是不可能的。同时，企业，尤其创业企业，在资源上的局限性，也决定了无法同时推出多个产品，以满足各类用户的需求。

因此，无论是对于企业自身发展，还是产品能否占领市场，单品战略对于创业企业而言，都有着极大的好处。

作为一个世界有名的电商网站，Amazon（亚马逊）的中国站在 2011 年以前，一直称为"卓越亚马逊"，而在 2007 年之前，它还称为"卓越网"。

卓越网是雷军在 2000 年时创办的一个电子商务网站，是他对于互联网行业的初次尝试。当时互联网行业正处在低迷的状态下，卓越采取了单品战略，专攻图书音像制品，并且只做畅销品，这让卓越网一跃成为中国最好的网上音像图书商店。

在卓越网被收购之后，老卓越人都悉数退出，陈年作为卓越网居功至伟的人物之一，再度以单品战略，创办了凡客诚品，从男士衬衫和 polo 衫作为切入点，打造品牌。凡客不仅成为垂直电商领域的老大，还一度获得了全行业第四的骄人业绩。街头巷尾都是凡客的广告，凡客体红极一时，声名大噪。

毫无疑问，曾经的凡客是引人遐想的，但随着发展越来越畸形，越来越大众化，这个品牌在人们心中的影响力也大不如从前。但是从凡客体的走红，我们不难发现，21 世纪是一个张扬个性的年代，人们对于个性与自我的追求比以往的任何时候都要更强烈。经济的发展和科技的进步，也为人们的个性化道路提供了更多的选择。

因此，想要让产品成为明星，就必须有一个准确的产品定位。给产品一个准确的格调，才能真正赢得用户的青睐。

随着智能手机的高度普及，各种 App 应用如同雨后春笋般不断崛起。2014 年，一款被凤凰网称为"社交网络时光机"的 App 迅速走红。这款名为"Timehop"的 App，仅用了不到 3 个月的时间，便从竞争激烈的美国应用软件市场中脱颖而出，并迅速传向世界。

事实上，Timehop 自然不可能真的拥有时光机的功能，它只是一款让你可以回顾"那年今日"的 App，通过账号绑定，它可以汇集你在社交网络上的所有老照片和帖子，帮你将曾经写过的 Twitter、Facebook 状态和拍过的 Instagram 照片呈现出来，帮助你回忆过去的自己。

或许你会记得一年前的今天做过些什么，那么，两年以前呢？三年，乃至更久以前呢？那些难忘的记忆组成了人生中的美好，却总是会在悄然无声间归于淡漠，Timehop 就是基于这一痛点而诞生的。所以，我们也可以说，如此感情化的设计就是 Timehop 的产品定位。

为了加强这种情感化体验，Timehop 还为自己的产品塑造了一个小恐龙造型的吉祥物形象。当用户打开应用界面时，小恐龙便会出现在屏幕之中，并且会坐在地上说一句"Let's time travel"，保证一瞬间便可将你带入到这款 App 的时间之旅中（图 3-5）。

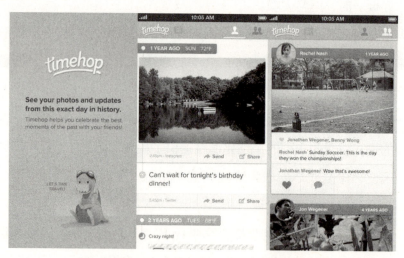

图 3-5　Timehop 应用界面（摘自：雷锋网）

手机 App 无非两大类，即工具类和乐趣类。工具类就好比扳手，更侧重实用性，因此用户黏性一般；乐趣类则像小游戏，对用户拥有更强的吸引力。而从生命周期角度来看，看似无聊的工具类 App 却显然更持久，而乐趣类 App 的淘汰率则很高。所以，创业者如何选择产品类型，并且将为产品塑造出独特气质，便显得至关重要。

当下的消费者，更享受精品所带来的极致的感受。Google 方面有数据称，在谷歌商店中，大约有 70% 的 App 是从来没有被下载过的，内容方面也是一样。

自 2008 年创立以来，经过 7 年的成长，掌阅科技旗下的掌阅 iReader 已经成为全球最大的中文阅读 App，用户量超过 5 亿，日活跃用户超过 1500 万；为了给予掌阅 iReader 更多的线上流量支撑，掌阅科技还战略投资了原创文学网站红薯网，丰富其内容。

在过去，掌阅科技十分注重平台的内容数量，并且不惜将企业 70% 以上的资源都倾斜在了内容容量积累上。然而，在当当众筹的当读网，以及阿里巴巴旗下的阿里文学相继问世后，面对强大的竞争压力，张凌云忽然意识到，在用户拥有更多选择的前提下，质量参差不齐的阅读资源不仅不会带来预期的流量，还会严重影响平台的整体质量。

于是，与 CEO 成湘均一番商议后，张凌云决定"精兵简政，以质取胜"。2015 年 4 月，掌阅投资 1 亿元人民币进入阅读硬件设备领域；并且宣布，未来 3 年内掌阅将投入至少 10 亿元人民币打造原创精品内容，并成立了"掌阅文学"。

专攻精品原创内容的掌阅文学一经推出，便立刻得到了广大网络文学爱好者的支持，短短 3 个月，掌阅 iReader 的用户数量便暴增了 5%，达到了 4.5 亿之多，这也使得掌阅 iReader 在整个移动阅读 App 市场的占有额提升到了 40% 左右，堪称坐拥半壁江山。

面对汹涌如潮的O2O大势，掌阅创始人张凌云感叹说："O2O时代，求量的时代已经过去了。掌阅必须做出自己的精品，保持多年来积累的市场优势。"

对比掌阅iReader在2013年与2015年所发布的两张宣传海报上，我们便能够分辨出其产品策略上的变化。过去，在很长一段时间内，掌阅的竞争优势在于资源的多和广，如今，掌阅却将突围方向转向了"最"和"精"上，专注于做最好、最精的内容。

单品思维是互联网思维中十分重要的一部分，而"互联网+"模式之所以能在如此短的时间内受到众人的追捧，甚至颠覆传统行业，原因之一，就是该模式在运营的过程中，更注重以点带面，单点突破。专注出境自由行的旅行O2O产品"发现旅行"就是一个很典型的例子。

发现旅行具备三个特点：第一，产品种类少，目前仅有包括日韩等在内的8个旅游目的地；第二，产品性价比高，限量供应，很像饥饿营销，8个目的地中，有5个需要定时抢购；第三，强调用超预期的用户体验。

其实，发现旅行所做的，正是通过对精选目的地的资源直采，实现单品的打造，继而实现对整个供应链的掌控，在充分保证产品质量的同时降低产品价格，从而做出高性价比的旅游产品。

以机票和酒店为例，发现旅行直接从航空公司采购机票，但却坚决不买廉价的机票，其所选的航班大多为时间节点良好，由国内三大航空公司领衔的主流航空公司执飞的航班。在酒店方面，发现旅行也坚持不遵循"同级酒店"（高价位，低质量，以次充好）的潜规则，会在用户订单上明确注明酒店名称、星级、位置等信息，决不偷梁换柱（图3-6）。

图 3-6　发现旅行官网截图

　　基于这样的高品质要求，发现旅行的目的地合作酒店及合作航空公司等数量都十分有限，但这却最大限度地保证了公司对用户的品质承诺。比如，用户倘若对酒店有任何不满，随时可以直接拨打电话，向发现旅行的旅行管家进行投诉，而管家则会直接联系酒店进行沟通，并要求酒店方面改善服务。

　　发现旅行CEO王振华认为，O2O旅游想要做成功，必须要重视服务，而做好服务就是做好细节，发现旅行想要做好细节，就必须坚持这种严格掌控整个供应链的重度垂直模式与供应链后端的深度协作，从而建立相应的竞争壁垒。

　　凭借着对几款单品的精细打造，发现旅行甚至没有 App，仅仅依靠 H5 和微信的流量，移动端交易额便能占据总交易的 60%，完全不弱于行业翘楚"去哪儿"网。

　　像发现旅行这种集中力量打造出来的单品，往往都拥有更好的用户体验，自然也具备更强的竞争优势。而单品，不仅是企业在创业时占得先机的秘籍，更是后来者居上的有力保障。

　　2014 年，作为分类信息领域的领跑者，58 同城高调发布了"58 到家"品牌，正式进入生活服务类市场。面对种类繁多、市场广阔的生活类服务，58同城却有着十分冷静的选择——钟点工和搬家，之所以选择这两个项目，一是因为消费频率高，二是在当时搬家这一项服务的O2O还无人涉足，并且是58同城的传统优势项目。

在这样的前提下，"58到家"并没有浪费自身资源，集中力量，在3个月的时间内，就将钟点工这一项做到了其他竞争对手的4倍。随后又上线了美甲服务，只用了50天就达到了同业水平，甚至在某些地区已经超过了竞争对手。

钟点工、搬家和美甲作为"58到家"的单品项目，都在各自的市场竞争中取得了骄人的成绩，迅速为"58到家"打开了市场，但"58到家"并没有趁此机会进行更多品类的扩张。

"58到家"的CEO陈小华表示，"58到家"目前只集中精力把手中已有的这三款产品做好，至于其他品类的扩充将通过投资等方式，由创业公司来提供。

"58到家"之所以没有在最初就上线很多品类，就是因为明确地意识到，与大众货比起来，消费者更喜欢品质精良的单品。以餐馆为例，品质较高的餐厅，几乎都是专营某一菜系，或是某一地域的特色美食，而那些包罗万象的餐厅，最多只能争得中游，很难再进一步。

在生活中，当我们被钝物磕碰到的时候，往往是一声闷哼，而在被尖锐的物品所刺的时候，即使并不是很痛，却还是会忍不住惊呼出声。锤子放在布袋里是很难突破阻碍的，但锥子只要轻轻一推，就能够脱颖而出。单品就是企业的"颖"，只有将尖端磨得越锐利，企业才越容易突出重围，才能引得消费者尖叫。

以极致的思维打造成功爆品

比起大众货，单品更容易引发用户的尖叫，但最终真的能让用户尖叫出来的，往往是在单品上更进一步的爆品。单品可以有很多个，但是爆品只能有一个。

龙应台曾经说过，一个社会特立独行的人越多，天分、才气、道德、勇气就越多。事实上，在商业环境下，一样是这个道理。特立独行的品牌越多，商界所展现出的生机才能越多，未来才能越繁荣。

其实，不仅仅是整体的商业环境需要特立独行的品牌以支撑个性化和多样化，为了赢得用户的青睐，为了从众多竞争对手中脱颖而出，并且获得经营上的成功，企业从自身的角度出发，也必须要构建有特色的品牌。

近两年来，"三只松鼠"的名字正在被越来越多的消费者所熟知，而这个品牌如今已经成为了坚果类电商的标杆。

2012 年 6 月，做了多年传统营销的章燎原决定转型创业，加入互联网大军，创立了"三只松鼠"公司，经营网络自有 B2C 坚果销售。凭借着多年的营销经验，章燎原意识到，互联网的速度可以让产品更新鲜、更快到达，但如果不能确保品牌的唯一性，那么，公司便注定要迷失在发展之中。

于是，章燎原将公司取名"三只松鼠"，虽然有着一定"卖萌"的韵味在里面，但更多的却是代表着天然、新鲜及非过度加工的品牌深意。而这一定位，也就决定了"三只松鼠"绝对不会像其他品牌一样打价格战，而是坚持做健康的捍卫者（图 3-7）。

当时，国内坚果销售已经介入电子商务很长一段时间了，坚果的电商市场可以说是一片红海，很多朋友都规劝章燎原，不要以身试险，而章燎原则坚持说："红海不要紧，大海里有那么多鱼，为什么狮子鱼能够被人一下子就记住？因为它特别。三只松鼠就是坚果品牌中那个特别的存在。"

图 3-7　"三只松鼠"坚果宣传图（摘自：美团网）

最终，章燎原以国内少见的美国山核桃——碧根果为突破口，很快便在各类品牌比肩迭迹的坚果市场占据了一席之地。碧根果（又称"长寿果"）补肾健脑，润肌肤、乌须发，且效果十分明显，恰恰与"三只松鼠"的品牌定位相吻合。这一爆品一经推出，甚至不需要章燎原做特殊宣传，便迅速吸引了无数食客购买。

2012 年 8 月，上线仅 65 天的"三只松鼠"成功突围，一举夺得了天猫商城坚果行业销量第一的宝座；2013 年 1 月，在没有任何节日促动的情况下，"三只松鼠"单月业绩突破 2000 万元，正式跃居国内坚果行业全网第一；2014 年"双十一"，"三只松鼠"更是创下了 1.02

亿元的全球坚果销售纪录，其发展速度之快，创造了中国电子商务史上的一个奇迹。

其实，随着互联网思维的不断渗透，彰显品牌的特殊化已经成为了许多企业的常规战略。比如，LV 遥不可及的高端形象，牛仔品牌 Levi's 所表现的极致魅惑，NIKE 强烈的自我概念，等等。这些品牌的成功，全都离不开对自身鲜明特色的塑造，而这些特色，也正是它们能够吸引一个又一个消费者眼球的关键所在。

在过去的一段时间里，已经有太多成功者向我们证明了这一点。就以万宝路和云丝顿两个香烟品牌来说，二者的定位、品位、消费群体和竞争类别几乎完全相同，而且都强调高品质的高端形象。然而，万宝路却因为塑造出了粗犷豪放的西部牛仔形象而使自身品牌个性得以升华，因而在市场份额上将云丝顿远远地甩在了身后。

而在当下，可以毫不夸张地说，所有成功的互联网公司中，90%以上都是依靠爆品战略在激烈的市场竞争中脱颖而出的。受到互联网思维的影响，如今传统企业也开始关注爆品的打造，而当下发展正盛的 O2O 企业，更是 100% 都在坚持爆品战略。

"互联网+"时代，各式各样的产品层出不穷，即便是在一个市场狭小的细分领域，也可能出现众多同质化的产品。比如，仅就出行领域的产品而言，便可细分为拼车软件、打车软件和专车软件。其中，拼车软件领域又有 AA 拼车、爱拼车、哈哈拼车等竞争者。如何才能够在众多竞争者之中脱颖而出，雕爷孟醒给出的答案是：宁当榴梿，不做香蕉。

众所周知，榴梿被泰国人誉为"水果之王"，对于它的浓烈气味，爱之者赞其香，厌之者怨其臭，极具争议性。而孟醒的四次互联网创业，无论是阿芙精油、雕爷牛腩，还是薛蟠烤串和河狸家，在塑造品牌之时，都将其刻意定格在了"榴梿"的形象上，而非毫无特色的"香蕉"。

对此，孟醒解释道："宁当榴梿，不做香蕉，其实是一种打造品牌的思维方式，也就是差异化。香蕉也具有较高的营养价值，并且味道香甜。但是，它却缺少榴梿的特色，而没有特色的东西，实际上是很难让消费者主动想起来的。"

以继雕爷牛腩之后又一个餐饮 O2O 项目薛蟠烤串为例，孟醒通过将餐厅内部划分为"经济舱""商务舱""头等舱"和"大学生特价票"四个区域的方式，成功将薛蟠烤串与大多数烤串餐厅区分开来，让薛蟠烤串成为烤串界的"榴梿"。

在薛蟠烤串，虽然每个区域的烤串品质都是完全相同的，不同区域的"打底餐"却有很大不同，在茶水、开胃菜、烤蔬菜、烤海鲜、主食，以及甜品的配备上也有所区别。这样一来，消费者便可以根据自己的喜好和消费水平来选择区域，从而得到不同的就餐体验（图 3-8）。

图 3-8　薛蟠烤串的龙眼木炭和红柳木签子（摘自：@薛蟠烤串的微博）

另外，在就餐环境上，传统的烤串餐厅大多给人脏、乱、差的不良印象，而薛蟠烤串则一改这一现象，不仅追求在就餐环境上的整洁，还追求饮食上的健康，所选木炭全部为污染率最低的"龙眼木炭"，签子则为严格消毒的红柳木，肉源则全部来自内蒙古的天然草场，保证健康无公害。

试问，这样特立独行的烧烤，如此有范儿的烤串，在听到之后，你难道会过耳即忘吗？难道不想亲自去试试吗？即便是价格贵些，只要能够得到与之匹配的服务，又有什么关系呢？

当用户产生一个需求或是使用某个产品的时候，通常都会在内心有一个预期，这个预期能否达标，或者超出多少，将很大程度上决定着用户对这个产品的喜好程度。以薛蟠烤串来说，用户对一家烧烤店的期待大多停留在干净卫生上，而薛蟠烤串所提供的健康雅致的用餐体验，完全超出了用户的预期，自然能够一枝独秀。

也就是说，创业者在选择了一款直指痛点的产品，并且对其做出了精准的市场定位和产品定位后，只是站在了成功的跑道上，能否打造出一款爆品，从众多竞争对手中脱颖而出，还有两个关键点。

首先，爆款必须足够吸引流量。只有能够吸引更多流量的产品才更有可能实现成交变现，而品牌能否达到引流的目标，与产品的好坏有着最直接的关系，所以，打造爆款首先要考虑的因素就是如何让产品更具吸引力。

其次，企业必须坚持产品高质量。任何创业者都必须牢记，商品本身才是销售活动的主题，高性价比的产品才能得到市场认可。另外，高性价比的产品也能够激发用户的传播欲望，为营销提供更多的优势。

事实上，想要做到以上两点，就要求爆品必须存在一种不可替代性。说简单一点，就是让别人替代不了，超越不了，让用户产生一种非你莫属的依赖性。

如何保证自身的产品具有这样的不可替代性，如何保证自己的产品优于别人的产品？这就要通过追求极致来解决。试想，如果你已经把产品做到了极致，又有谁能够取你而代之呢？

最新数据显示，截至 2015 年 5 月，国内涉农电子商务平台已经超过 3.3 万家，其中，有近 5000 家为农产品 O2O 电商平台。电商与农产品的深度融合改变了人们的生活习惯，同时也带来了更加广阔的市场，就连阿里巴巴等互联网巨头也都纷纷跻身其中。

作为较早涉猎农产品的互联网巨头之一，阿里巴巴的代表作便是其"1688.com"平台上的"源生鲜"。为了在众多竞争者中脱颖而出，"源生鲜"所采取的策略即产品的极致战术。

首先，产品要保证最优质。农产品都有极为苛刻的地理环境要求，为了不让果蔬在口感和营养价值上打折扣，"源生鲜"将平台上的农产品的地理范围严格控制在 100 亩地之内，把产品自身的竞争力提升为平台竞争力。

其次，产品要保证最健康、最安全。阿里巴巴体系下的菜鸟网络生鲜物流负责人陈涛表示："安全性是生鲜产品实现功能作用的第一道门槛，阿里'源生鲜'已经建立起了一套成熟的安全机制，而且，我们的'三小时送达'业务也能充分保证产品到达用户手中是绝对新鲜和健康的，用户完全可以放心食用。"

最后，产品只找最适合的用户。"源生鲜"行业运营总监张洪纲认为，就算是同一类人，其在不同的环境和身体状况下，所对应的需求也是不同的。因此，"源生鲜"借力于阿里云计算，斥重资打造了数据强化配置能力，将会根据更加系统化和数据化的资源，为用户推荐更适合的产品。

成功的运营少不了爆品思维，而要想打造成功的爆款，就要像"源生鲜"一样，将互联网思维落地，让自己的产品比任何竞争者都能更好地满足用户需要，形成一种极致精神。

正如马云常说的："企业做大没有什么秘诀，按照客户需要把产品做到极致，就是亘古不变的商海真谛。"

随着用户需求的不断升级，"极致"玩法同样处在不断地更新和进步之中，而事实上，想要真正的赢得市场，任何品牌都需要把产品做到让用户无可挑剔并非常满意，只有这样，才能成就一款爆品，用户才会认可你，对你的企业做出积极的反馈。

让爆品满足用户的所有想象

为什么要追求极致？说到底就是要让别人超越不了，让用户产生一种"舍你其谁"的依赖性。也就是说，做产品的最高境界其实并非是在做功能，而是在做一种特质，一种不可替代性。

很多创业者在O2O产品上线初期都喜欢通过折扣、红包、送礼物等福利来招揽初期用户，而在中关村掉下一块砖都能砸到三个创业者和一个投资人的今天，为产品推广"烧"一点钱似乎也无可厚非。

然而，不知道有没有人思考过这样几个问题：这些钱真正"烧"得物有所值吗？如果市场上忽然出现一个"福利"更好的产品，那些用户还能坚持钟情于你吗？在用户的心里，你是否真正成为了那个无与伦比的唯一呢？

2015 年 4 月，笔者在微信中看到这样一条新闻，相信很多人都有注意到。居住在肯尼亚自然保护区的雄性北方白犀牛——苏丹，每天都会"享受"到 40 位持枪护林员的昼夜守护。

看到这里，一些没看过这条新闻的朋友不禁会问，一头犀牛而已，就算是犀牛角值钱，也不至于这么严防死守吧？事实上，为了安全考虑，苏丹的独角已经被人工切除了。

那么，没有了犀牛角的犀牛，为什么还能受到如此高规格的待遇呢？原因很简单，也很残酷。苏丹是整个地球上最后的一头雄性白犀牛了，一旦它遭遇意外，白犀牛这一物种便会从我们的世界中彻底消失。

白犀牛在苏丹之所以能够备受重视，就是因为它的不可替代性，而这种不可替代，源于它的唯一性。自然界如此，市场竞争也是如此。市场上产品众多，只有做到唯一性，才能培养起用户的忠诚度，才能在竞争当中独占鳌头。

远的不说，出行行业、餐饮外卖，这两个近年来十分火爆的领域，几乎一直都在上演"烧钱"大戏，为了吸引用户流量，各家平台都铆足了力气拼补贴、拼低价，却很少有人想过从根本上提升产品质量和服务质量，精益求精。因此，结果往往是，谁家的折扣给得多，谁家的产品更便宜，用户便涌向哪里，用户忠诚度根本无从谈起。

互联网时代，信息传播速度之快，同类产品花样之多，让用户想要货比三家不再是什么难事，因此，企业想要单凭产品的某一优势获得成功，并不是一件容易的事情。无论是产品，还是品牌自身，都要打造一种不可替代性。

随着市场竞争的不断加剧，不少有觉悟的创业者，已经开始重视起对产品不可替代性的打造。立志于改造整个餐饮行业的"人人湘"创始人刘正，就是其中之一。

　　让用户能够在北京吃到一碗正宗的、好吃的湖南米粉是刘正创办"人人湘"的初衷。为此，刘正十下湖南，寻粉溯源；三顾茅庐，诚邀名厨；力求以最好的米粉、最好的食材、最好的厨师，不计成本地做到米粉口感的极致还原（图 3-9）。

图 3-9　人人湘米粉（摘自：人人湘官网）

　　为了在质量和安全上在用户的心中筑起一道壁垒，人人湘不惜加大品控成本，不断强化其供应链体的搭建。人人湘总经理李明俊在介绍人人湘米粉的生产流程时，便曾自信地对记者说："为了保证口味正宗，人人湘的米粉及部分原材料，会根据原材料的属性选择高铁、汽车，甚至飞机，从湖南直运北京，其他材料则是与优质的供应商合作，如牛肉选择从牧场环境优越的宁夏盐池空运，活鱼由密云水库直供保鲜，等等。从原材料采购到运输，再到加工制作，每一个环节都有层层把关。用户去任何一家餐馆，或者找任何一个平台，都吃不到人人湘这么正宗的米粉了。"

　　当然，这种严格的品控不可避免地会受到成本拷问，然而刘正却表示：微信点餐、支付、下单的线上流程方面也节省了人员成本，两相抵消，并不是什么问题，未来的人人湘一旦实现规模化，便可以将这些前期的投入成本有效摊薄。

另外，为了保证产品永远优于同行，人人湘还坚持用户导向经营，根据用户续期的变化，对产品进行快速迭代。不仅在米粉的口味上持续改进，就连微信产供销管理系统也先后迭代了 20 多次。其联合创始人傅文涛甚至将餐具都列入到了迭代的范围内。目的就是打造人人湘在食客心中唯一的、不可替代的坚固形象。

2015 年 1 月，人人湘正式获得由洪泰基金领投、英诺天使基金跟投的千万元人民币 A 轮投资。截止到目前，人人湘的微信订餐人数已经有日均 1 万多，而且还在快速增长之中。

在互联网经济的大背景下，其实一切都是以产品为核心的，产品是产品，服务是产品，销售是产品，就连平台和团队也都是产品的一部分。对于创业者而言，能够将其中任何一部分做到极致，就能够打造出一款爆品。当提到这一项时，用户心中第一个想到的永远是你，那么，你与成功的距离也就不远了。

事实上，在国内 O2O 市场，巨头们打造唯一性产品的战争早就开始了。

2015 年 4 月 12 日，阿里巴巴借助国内最大数据平台阿里云计算，通过聚合线下实体店的模式开始在服装 O2O 领域跑马圈地。

2015 年 4 月 17 日，京东宣布，O2O 业务子公司正式将旗下刚刚上线一个月的 O2O 产品"拍到家"更名为"京东到家"，借助自身完备的物流仓储体系，从满足人们生活中迫切的眼前需求出发，抢占生活服务 O2O 市场。

与此同时，作为全国分类信息网站前两名的 58 同城和赶集网宣布换股合并，酝酿以"58 到家"为代表，推出一系列的 O2O 服务，成为人们获取本地服务信息的唯一入口。

其实，包括阿里巴巴、京东，甚至百度、腾讯，以及小米在内，这些巨头的O2O战略目标都很明确，那就是成为某一细分领域的龙头，甚至不仅仅是龙头，还要是唯一的。这一点，曾经是竞争对手的58同城和赶集网能够化敌为友，便是最好的证明。互联网时代，只有不可替代的产品，才是真正宝贵的产品，任何领域皆是如此。

与其他创业企业不同，"笨熊造饭"进军餐饮行业的切入点，既不像黄太吉一样打造线下的店铺，也不像"饿了么"一样打造外卖平台，而是采用了一种无店铺外卖的形式。

"笨熊造饭"主打的是无店铺中央厨房餐饮模式，中央厨房将菜品烹饪完成后，送往各个"驿站"，再由配送员完成"最后一公里"，配送到消费者手中。

在产品方面，"笨熊造饭"的中央厨房实现了完全机械化的打造，同时还自建了物流配送体系，从产品的生产到配送，均实现了标准化。而在渠道方面，"笨熊造饭"并没有建立自己的官网或者App，而是选择与第三方外卖平台合作。

从产品定位上来说，外卖本身就是一个"将就型产品"，受时间、收入等多方面的影响。因此用户在选择外卖的时候，关心的是价格、饭量、送餐时长及安全问题，在这四点都能够满足之后，往往才将味道纳入考量的范围中。16款产品已经足以满足大部分消费者的需求了。

另一方面，完全机械化的中央厨房虽然从一定程度上限制了"笨熊造饭"菜品种类的增加，但有利于将产品制作得更加精致，形成爆品。而且产品的精简化还有利于从生产源头进行大批量采购，加上无店铺、自配送的生产经营模式，"笨熊造饭"能够很好地管控整条供应链，降低了成本压力。

与一般外卖打开餐盒即可食用有些不同，"笨熊造饭"的食物在经过高温杀菌之后，会用保鲜膜对餐盒进行密封覆盖，餐盒口上明显标注有"若有破损，请勿食用"。

配送方面，"笨熊造饭"早期采用的是中央厨房、加热中心和终端驿站三个环节的配送方式，其中从加热中心到终端驿站为自建物流，其他两个环节由第三方物流承担。但在2015年4月，为了提高配送效率，"笨熊造饭"取消了加热中心这一环节，并且所有环节的物流都由自建的物流团队来负责。

每天早上8：00点之前，"笨熊造饭"的中央厨房就会根据预估数据，制作出当天的菜品，8：00点开始向驿站配送，终端驿站在10：30开始加热菜品并向消费者配送。各驿站的配送员由总部根据各驿站订单数量统一进行调配，将单次配送时间控制在35分钟以内。

通过对供应链、生产和配送环节的一系列优化，"笨熊造饭"实现了消费者对外卖质优价低、安全卫生、配送迅速的三大主流需求，深受广大消费者的欢迎和追捧。目前，"笨熊造饭"已获得1000万元天使融资，外卖范围已基本覆盖北京，并将在未来加速复制到其他城市。

同样是解决吃饭问题，"笨熊造饭"还停留在外卖的阶段，但"三全鲜食"却做到了百尺竿头更进一步。虽然很多人对三全的印象还停留在速冻食品上，但从2014年开始，三全就已经开始脱胎换骨了。

三全打造的三全鲜食，是一个包含"App+FunBox智能终端＋中央厨房"的全新模式。用户在App上下单，再到智能终端上扫码自取，中央厨房标准化生产出来的盒餐，由统一的冷链配送体系送达智能终端，而智能终端就布置在用户的身边（图3-10）。

图 3-10　三全鲜食 FunBox 智能终端（摘自：IT 之家）

　　相比"笨熊造饭"的驿站，FunBox 只有冰箱大小，并且实现了自助化取餐，配送环节的"最后一公里"，被缩减到了"最后十米"，用户走两步路就能够拿到热乎的午餐，不会因为交通、配送数量等问题而造成延误。

　　随着生活节奏和观念的变化，"怎么吃午饭"这一难题，受到了越来越多企业和消费者的关注，不论是传统企业、互联网企业还是创业企业，都纷纷八仙过海——各显神通。同样，其他行业中用户的各项需求也受到了广泛关注，市场上的机会越来越多，但蓝海却越来越少了。

　　想要在激烈的市场竞争中出人头地，企业就必须要打造出独一无二的爆品来满足用户的需求，成为用户心中无可替代的唯一。只要掌握了这一规则，无论是传统企业还是互联网企业都能够得到用户的青睐。

第 4 章

产品逻辑和连接策略

企业的跨界行为，最终还是会落到产品的体验上。移动互联网时代企业除了要研发、打造超越用户预期、让其尖叫的产品外，还要注重产品逻辑和产品链完整性塑造，这样才能打造出品牌，构建强关系。

从 0 到 1，坚持空杯心态

老话常说，路要一步步走，饭要一口口吃。很多事情，好高骛远，操之过急，反而会揠苗助长，导致根基不稳，倒不如潜下心来，一步一个脚印地前进。每一个产品在设计的过程中，也应该是一个从无到有、从 0 到 1 的过程，没有捷径可走。

无论是将产品打造成企业的唯一明星也好，还是对产品做出精准定位，让用户青睐有加也罢，都必须建立在一个统一的前提下，那就是首先拥有一个好的产品，而好产品的诞生则必须依托于一流的思路和设计。

正如日本著名建筑大师安腾忠雄曾说的，没有一个好的思路，是创造不出好的产品的。在跨界时代下，创业者必须时刻保持与互联网思维的高度融合，才能创造出具有生命力的产品。

对于大多数传统企业而言，很多时候"触网"都是被动无奈的选择，为了避免被互联网大势"革命"掉，就必须努力将自己嵌入到 O2O 的情境之中。在这一前提之下，如果企业领导者盲目地以互联网企业的思维和方式去建设平台，则很容易陷入到"以己之短攻彼所长"的尴尬境地。

因此，传统企业必须意识到自己所具备的得天独厚的线下优势，并且在这一基础上，选对思路，找准时机，进行互联网的改造和包装。如此一来，才能创作出好的产品。

你可能听说过微信"摇妹子",微信"打广告",微信"卖面膜",那你听说过用微信逛街的吗?天虹商场的微信商城系统率先实现了,而且还是微信支付的第一开通者。

2014 年初,随着 O2O 浪潮的持续升温,作为一家国有控股的中外合资连锁百货企业——天虹商场也紧跟着同行们的脚步,快速投入到了 O2O 领域之中。只是,相比之下,天虹并没有盲目地追求冒进,而是充分利用了自身的线下资源管理系统,在微信商城推出了便捷的自助服务功能。

用户只需关注天虹微信(图 4-1),在服务界面点击搜索某类品牌,屏幕中便会立刻展示出天虹线下商场内的全部该类品牌,继续打开品牌链接,该品牌的相关优惠信息,包括单品售价、折扣数量、活动时限等会逐一展现出来,并且保证线上线下的信息是完全对等和一致的,用户无须走到门店就能知道一切优惠活动,既节省了体力,又节约了时间。

图 4-1　天虹商场中天虹微店的宣传(摘自:新浪网)

另外，天虹微店还开设了礼券业务，线上用户可以直接在微商城购买天虹商场的停车券、礼物券等，既可以方便自己去线下购物，也可以送给朋友。

最后，在购买方式上，天虹也给予用户更多选择，用户可以直接通过微信购买，或者看好了去门店购买。天虹拥有很多互联网零售商无法比拟的线下优势，在北京、深圳、厦门、长沙、苏州等一线城市开设了34家直营商场及以特许经营方式管理的两家商场，90%以上的商品配送都可以在一天之内完成。

天虹微信商店开通后，其全新的零售O2O模式得到了业界的普遍认可，其股价连续三日累计涨幅30%，据不完全统计，截至2015年3月，天虹已经有超过4000件商品实现了线上销售，仅深圳一地，每天的微信下单量便在8000次以上。

综观天虹的O2O策略，其实并不具备太大新意，只是在大多数微商普遍奉行的战略上做出了一些小的改进，实现了个性化信息订阅和会员系统无缝对接，从而达到了提升品牌知名度、吸引用户的目的。

传统企业在进行跨界转型的时候，在充分考虑自身优势的基础上，更要有一份突破的心态，不能在原有的基础上故步自封。互联网思维的关键就在于一个"变"字，用户需求时刻在变，因此产品也要不断地更新换代，适应用户的需要。

对于创业企业而言，产品的创新与独特性更是必不可少，只有打破旧的观念，才能够建立一个新的思维方式。

因此，无论是传统企业，还是新兴的创业企业，在打造产品的时候，都要有一种空杯心态。

现在，随着互联网思维的不断深入，随着"互联网+"理念的不断推行，新产品层出不穷，到处都是产品经理，市面上的企业招聘十有八九也都要招上一些产品经理。那么一个成熟的产品经理要具备怎样的素质呢？必备的素质之一，就是一种不断前进的心态，也就是我们常说的空杯心态。

很多人误认为产品经理就是跟踪一款产品，从最初的策划、调研、开发，到后期的调试、上线、改版，循环至产品最终"寿终正寝"。但从更广义上来说，一个产品经理，应该是所有产品的发烧友。在生活当中，从自己的体验出发，对身边的所有产品都加以关注，找到其中不合理的地方，研究解决方案。听起来有点像是职业病，但这是一个产品经理所应该具备的本能。

相比起CEO，雷军更像是小米公司的首席产品经理，每周雷军花在产品讨论上的时间要远远多过管理方面。正因为如此，小米公司的产品总是能够做到在小处实现突破，单单只是发布会上的PPT，小米也将不断完善的理念发挥到了极致。

在小米公司，每次遇到新品发布会，都会成立撰文的演示文稿撰稿组，小组包括文案和设计师，这个五人左右的小组会持续工作一个半月，有时候雷军会牵头参与文稿的设计，大到内容设计，小到文字配色，他都要做到一丝不苟，并且，只要有稍不满意的地方，雷军就会要求小组成员改动，往往一个文稿在正式与观众见面之前，就已经改过了无数遍。

2013年4月9日，小米公司举行新品发布会，发布会开始前半小时，雷军提前来到会场，对已经完成了最后彩排工作的文稿负责人员说，还有几个地方需要立即修改，就是这样一次次的修改，小米的发布会得以以惊艳的姿态出现在粉丝面前。

虽然小米的发布会每一次都让粉丝们十分的惊艳，但就PPT而言，就真的做到了最好吗？相信雷军现如今回过头去看前些年的设计，还是会挑出一大堆要改的地方。

人的需求是永远得不到满足的，随着时间的推移，用户的阅历和诉求也在不断发生变化，因此任何一个产品都不会是完美无缺的。但只要拥有这种勇于突破、不断创新的精神，就能够打造出消费者喜欢的产品。

作为国内第一家多品牌的连锁酒店管理集团，自 2005 年创立以来，华住酒店集团（前身为"汉庭酒店集团"）在短短数年间的时间里，已经成长为全球酒店前 15 强，并且已经于 2010 年 3 月 26 日在美国纳斯达克成功上市。

2012 年底，在竞争对手们纷纷坐拥携程、e 龙等平台，大力开发 O2O 市场的背景下，华住也开始了自己的 O2O 之旅。实行 O2O 战略后，华住不但在业内率先推出了自助选房、自助入住、零秒退房等移动服务，并且全力建设官网、App、微博、微信公众号，以及各大电商平台，竭尽所能地部署线上线下战略，甚至有同行调侃华住说："在这家酒店，O2O 化几乎和吃饭睡觉一样重要，想要赢它很难。"

在华住创始人、CEO 季琦的 O2O 布局中，与顾客亲密接触的移动应用是重点，为了给顾客提供一站式的服务体验，他首先提出来的构想就是客人到店后，自助完成入住手续。

这在当时的同行看来几乎是不可能的，因为"国内的法律有相关规定，身份证登记是必不可少的环节"。发现这一瓶颈后，季琦并未放弃，而是与几个得力属下四处取经，学习别人的先进经验。比如，去万豪看人家的大堂屏幕怎么摆，去星巴克看人家的发票机怎么用，去"外婆家"研究人家的叫号系统，甚至去机场琢磨人家的无限网络设计。

最后，华住博采众长，率先推出了"网上自助选房"产品进行试水。顾客通过官网和华住的 App，就像能在机场进行自助值机时选座位一样选房，还可以看到房间的内部格局、外部风景等。刚开始推行这项服务时，第一个月只有 10 位客人使用了这项服务，时至今日，这个数字已经激增到了一个月 5 万～6 万人。

接下来，华住又在线下 1300 多家门店推出了更具分量的门店自助 Check-in 服务。顾客完全可以通过这台终端完成预订选房和支付流程，只需要去前台取房卡和发票便可以了，几乎实现了当初"自助入住"的设想（图 4-2）。

图 4-2 华住自助入住机（摘自：新浪网）

季琦做过计算，用户通过前台办理入住需要 3 分钟，而采用自助服务则只需 30 秒。毫无疑问，在支付同样费用的情况下，用户更愿意享受这种省时省力的好服务。

截至 2014 年底，华住在中国超过 200 个城市里已经拥有 2100

多家酒店，旗下拥有包括汉庭、海友、漫心等 6 个知名酒店品牌，而其通过不断学习和微创新持续推动的 O2O 仍然在继续着，"细节 + 学习 + 快速出击 + 技术驱动"，则已经成为了华住 O2O 战略的核心战术。

其实，华住的成功向我们展示了两个很朴素的道理。第一，想要实现产品的快速迭代是万万不能故步自封的，必须向优秀者学习、借鉴；第二，快速迭代不是一蹴而就的，必须有个积累的过程，而最好的方式便是从小处着眼，循序渐进。

产品的推广、发展、运营和维护每时每刻都在发生变化，消费者及周围环境对于产品的要求也复杂多变，企业在打造产品的时候，要时刻保持一种空杯心态，改变旧经验所带来的思维定式，把自己当作新生，从 0 起步，这样才能够打造出用户喜欢、市场欢迎的好产品。

在产品设计上做减法

随着信息化的不断发展，越来越多的产品开发者开始意识到，好的产品必须推陈出新，不断颠覆和赋予新的内涵，然而，与此同时，还需要做到简约而不简单。

14 世纪逻辑学家、圣方济各会修士奥卡姆·威廉提出了著名的奥卡姆剃刀定律，并且在《箴言书注》中写道："切勿浪费较多东西去做，用较少的东西，同样可以将事情做好"。旨在告诫后人：很多时候，往往最简单的便是最有效的，如无必要，勿增实体。

事实上，剃刀定律和今天的互联网简洁思维十分相似，互联网时代强调"简约即最美"，做运营也好，做产品也罢，都不要太过复杂，力求要让用户在最简单的条件下读懂你，在产品设计上尤其是这个道理。

在 PC 端时代，用户还在忍受一些结构复杂的产品，但在移动互联网时代，这样的产品则会被淘汰。在移动互联网时代，产品的应用场景和设备的屏幕尺寸在变小、用户在碎片化的时间里运用互联网产品，这就必须要求原本在 PC 时代大行其道的复杂产品做减法。

对于用户来说，他们只需要一个能够快速满足自身需求的应用，并且越简单越好，这样反而容易培养自己的忠诚客户。

2000 年，哥伦比亚和斯坦福大学的两位教授合作进行了著名的果酱实验，在这个试验中他们设置了两个果酱试吃摊，第一个摊上摆放了 24 种口味的果酱，第二个摊子上摆放了 6 种，结果有 60% 的人在第一个摊前试吃，40% 的人在第二个摊前试吃。但是，被 24 种果酱吸引的人中只有 3% 的人最终购买了果酱，而被 6 种果酱吸引的顾客中则有 30% 的人选择购买果酱。

最终，两位教授得出的结论是，在商业活动中，用户的选择越多，结果就会越不满。这个结论在当时的时代背景下并没有突出的意义，但在当下，意义非凡。随着信息和数据的不断膨胀，用户在大量的选择和甄别面前显得手足无措，很多时候，我们在选择过程中浪费的时间和精力往往从一定程度上抵消了最优选择的价值，使得用户体验大打折扣。从某种程度上来说，科技与互联网的发展史，实际上就是一个将产品变得更加易于操作，减少用户在选择和思考上的时间和精力，不断优化用户体验的过程。

试想一下，如果摆在你面前的某个 App 界面上布满了一层密密麻麻的按钮，就算没有密集恐惧症，恐怕也不会很舒服。因为，追求简单、简洁，懒于选择是人类的本性。

有人说，乔布斯重返苹果后，给苹果带来的绝不是专利上的突破，也不是技术上的革新，事实上，苹果近十年在 3G、4G，乃至手机核心技术上都没有什么足够闪亮的专利，但苹果的产品却一个比一个卖得更好。这里面的思维就在于，苹果产品的设计够简约，够人性化，能够让任何用户都用得懂。

简约的产品为什么能够快速打动用户呢？原因在于简约的产品一方面能够快速满足用户的人性化需求，另一方面可以让用户把握产品的本质。

目前，越来越多的产品经理开始强调简约法则，很多产品也开始趋于简约化。

作为全球搜索引擎界的两家巨头，谷歌搜索和百度搜索界面是简约法则的典范：简单的几个字和一个企业 Logo，再加上一个空白的搜索框，就能轻松完成搜索，但它们确实凭借这些简单的设计获得了海量的用户和大量商家广告的投放，从而获得大量利润。

相反，一些设计复杂、功能众多的网站却得不到用户的青睐，为什么呢？对于用户来说，其最关心的并不是产品功能的多少，而是这款产品能否快速解决其问题，复杂的设计反而会冲散用户对产品核心功能的聚焦，百度搜索和谷歌搜索的搜索框和 Logo 主要传达了两个信息：一是用户能够根据搜索框快速搜索自己的疑问，而不会受到其他功能的影响从而导致注意力分散，二是突出产品的品牌。

目前，越来越多的搜索产品学习百度搜索和谷歌搜索，将搜索界面打造为简单的企业 Logo 和一个文本搜索框。

由此可见，简约的目的不仅仅在于产品的界面设计上给用户一种耳目一新和深刻的感觉，还要让用户能够迅速认识到产品的本质，获得对产品最为直观的印象。

理发，相信所有的人都不陌生，并且对于大多数的人来说，一个高效、能够达到预想效果的理发过程是一次完美的体验。但是大多数的理发店是怎么做的呢？

从进入理发店开始，我们就面临各种营销：在洗发的过程中，洗发者会看似心平气和地与你聊天，然后聊着聊着就会说到你的头发有某些问题，于是，某种"对症"的洗发水就出现在你的眼前；好不容易到剪发那一步了，你会发现，理发师从来不会认真理发，而是天南海北地侃，然后不是你的头发又出现了其他问题，就是他们店里又有了定期的优惠活动，于是各种发膜、套餐、年卡、优惠券轮番上阵，总之，理发店从来都不把重点放在理发这件事情上。

事实上，理发过程的核心在于理发师为你提供一种优质的理发服务，而非各种推销。过度的推销反而会使顾客反感。

正是有了这样的体验，日本 QB HOUSE 理发店的创始人才开了一家 10 分钟 1000 日元的短时间、低价格的理发服务连锁店（图 4-3）。这家理发店只提供剪发和基本造型服务，而不提供各种洗吹、剃须的服务，当然也不会在店里推销各种洗护产品。

就是这样一个只提供单剪的理发店，从 1996 年创立第一家之后，在十几年间已经开设了 500 多家分店，除在日本本土之外，还发展到了马来西亚、新加坡、中国台湾等地区，平均每月的服务量达到 125 万人次，年收入达到 3 亿元人民币。

其实传统企业中通过做减法，聚焦于主业务获得成功的企业还有很多。比如住宿，如果你出去旅游住酒店，最关心的是什么？肯定是居住环境和舒适度，而非酒店的大堂和桑拿房、食品等不相关的服务。

于是一大批如如家、汉庭等快捷酒店发展起来，其实他们只不过是将五星级酒店里的大堂、桑拿房、游泳池等设备减掉而已。却因为合理的收费和服务获得了大量顾客的青睐。

图4-3　QB　HOUSE 十分钟快剪（摘自：上官小鱼钓鱼生活的博客）

移动互联网时代，产品不应该追求大而全，而应该对边缘产品做减法，抓住核心的痛点或价值点，针对性地做出定位明确、简约好用的产品，这样才能打动用户。

尽管越来越多的企业开始强调简约之美，但是很少有人能够把握住简约产品的真正内涵。简约产品的根本内涵在于：一目了然，少即是多。在做产品设计的时候，尽可能地"直白"一些，将看似简单的东西打造出极致的用户体验。

日本的无印良品堪称简约的榜样。据说"MUJI"的概念是堤清二和设计师田中一光某次聊天的结果。

田中一光毕业于京都市立艺术大学，参与过日本世博会政府馆和札幌冬季奥运会的设计，深受琳派影响。他为无印良品设计的第一张海报打出的广告语是"物美价廉",紧扣"无印"和"良品"。无印良品看似反潮流,追求朴素与简洁,淡化"品牌",实际强调品质,顺应潮流,准确锁定目标客户。

田中一光曾对无印良品这样阐释道:"简素并不会对豪华自卑。简素中有奥妙的知性、感性,毋宁说是值得骄傲的世界。如果这样的价值体系可以推广,那么可以用尽量少的资源,过更丰富的生活。"

进入 2014 年以后,随着各种 App 的兴起,无印良品紧紧地抓住了智能手机屏幕尺寸有限的痛点,推出了一些简约时尚的 App 官方应用。

以无印良品助眠 App 的界面设计为例(图 4-4),整个登录界面除了 7 个英文单词和"无印良品"4 个字外,再无其他,可谓精简到极致。而打开细分界面后,每种不同音乐也仅用一个简单的图标加以表示,辅之以一个可以设置三个时限的定时功能,简单得不能再简单。

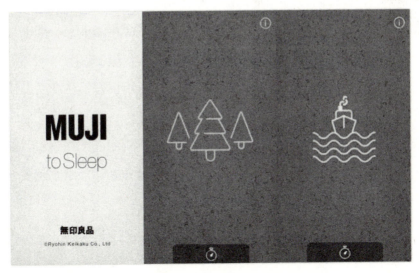

图 4-4　无印良品助眠 App

或许，无印良品的这种设计对很多爱美和愿意欣赏美的人来说很"失败"，然而，对于希望通过收听其助眠音乐而入睡的人来说，这样简单的设计却总会让他们感觉到舒适和宁静。因此，其96%以上的用户都很喜欢这种简约。助眠App一经投入市场，便引发了数十万失眠者的追捧和下载。

另外，作为无印良品的主打App，整合了网络店铺、线下实体店铺等销售渠道积分资源的"MUJI passport"还以最简单的方式链接了线下实体商店的签到积分、商品评论积分、附近店铺查询、店铺库存检索等功能，用户还可以通过与Facebook、Twitter的ID联通，三步成为会员，减少注册麻烦。

尤其值得一提的是，当用户在"MUJI passport"上发现了自己喜欢的商品时，还可以通过简单地一按，直观地通过地图看到附近店铺是否有库存。最大限度地避免了用户白跑一趟的可能。

时至今日，无印良品已经成功推出了十余款App产品，通过这些性能单一，设计简约的App产品，在为用户提供了方便的同时，也为品牌积累了超过430万的线上注册会员。这些会员每天至少能够为无印良品带来超过11万次的访问量，很好地达到了引流效果。

殊途同归，无印良品也好，移动互联网应用也好，在产品设计上做减法，直指人心才是打动人心的根本。另外，一款简约的产品应该是具有生命力的。它会随着用户需求的变化不断地进行完善和调整，满足用户的需求。比如，QQ和微信尽管不断升级，功能越来越多，但是其简约、好用的本质并没有发生变化。

那么，一款产品怎样才能随着用户需求的变化和提升，不断提升自身的生命力呢？

一方面，不要放过每一个优化的机会。一般来说，简约的产品背后有一套自身的逻辑，但是用户的反馈绝对不容忽视。产品的设计者埋头设计、专注于产品本来是件好事情，但这也是一大弊病——无法了解用户的真实需求，因此，设计人员也需要与用户进行沟通，了解用户的需求，然后做出优化，这样才能使产品在发展过程中不断被赋予生命力。

另一方面，让产品的变化具有尖叫感，也就是说，简约产品的优化必须能够带给用户尖叫，给用户一种焕然一新的感觉。比如，上次很简约，这次更加简约，简约到让用户尖叫，这就说明产品的改进是成功的。

总之，简约而不简单是移动互联网时代优秀产品的重要特征，它在满足用户需求的同时，能够以一种简单的方式呈现出来，给用户最佳的用户体验。因此，产品研发人员必须在产品设计上做减法，抛弃传统的专家思维，转向用户思维，为用户设计出最简单的产品才是商业竞争的本质。

让每个员工都成为产品经理

2010 年，阿里巴巴产品经理苏杰的一本《人人都是产品经理》热销全国，几乎在一瞬间让产品经理成为了一个似乎可以改变整个世界的角色。在互联网时代下，产品以人为本，以需求为本，那么，作为最先接触到产品的人，企业员工同时也可以是产品体验的首批用户。

产品设计之所以要做减法，就是为了突出产品的核心功能与属性，而这个核心，必然是与用户的需求分不开的。如果企业生产出来的产品连自己的员工都不愿意使用，又怎么可能在市场上得到用户的支持与追捧呢？

互联网让企业的产品越来越接地气，也越来越贴近生活，所以，很多企业在注意到用户体验之后，纷纷将目光转向了自家员工身上。阿里巴巴用支付宝给员工发年终奖，网易也将税后工资的一部分打入员工的网易宝账户中，每一位小米员工在入职的时候，都能够领到一台工程机，作为日常工作的主机使用。

各家企业都纷纷采用各种方式来鼓励员工使用自家的产品，帮助改进用户体验。就像黎万强所说："我们在做传播的时候，立意可以高大上，但讲人话更重要。在讲人话之前，要先让员工成为产品的粉丝，如果员工都不用自己的产品、不热爱自己的产品，他是很难去表达和传达自己的产品有多少好处的。"

因此，2015 年 6 月，同程旅游宣布，面向全球旅游爱好者，以百万年薪诚招"CTuO"，即"首席吐槽官"，希望通过此举来给产品打造好口碑。

虽然同程旅游有内部自检系统，但从企业的角度来把握产品和服务的质量，绝对比不上"真刀真枪"地实地体验。只有亲身经历，才最能体会到过程中存在的疏漏，对用户旅行中的种种痛点感同身受。

这项招聘活动，从 6 月 3 日正式开启，持续到 10 月，所有同程的用户均可以参与其中，对产品的预订流程、界面、交互效果、路线安排、价格水平、服务质量，甚至是同程缺少的产品等各个环节进行吐槽，以此获得吐槽经验值。在保证吐槽真实原创的前提下，吐槽经验值将作为评选"月度吐槽王"的基础。每月胜出的 10 位吐槽王将进入决赛，根据评委指定的话题进行吐槽，最终得分最高者将得到"首席吐槽官"的职位。

　　虽然同程此举看起来过程的意义大于结果，但亲身体验所能够发现的缺点与不足，远比关起门来冥思苦想要好很多。不过相比起同程旅游大张旗鼓寻找"首席吐槽官"，同样做旅游产品的穷游网（图4-5），就显得更加低调，也更加务实，它试图将每一位员工都打造成"吐槽官"。

图 4-5　深受穷游用户欢迎的穷游行李牌（摘自：亚马逊）

　　无论是在产品、服务的体验方面，还是公司文化的建设方面，穷游都在力求将自己打造成一家有个性的旅行者公司，而不是一家互联网公司。就像穷游网 COO 蔡景晖说的那样："穷游一直都是从旅行者角度出发，满足旅行者在旅行途中遇到的一切需求。"

　　为了能够给用户提供更好的产品，除了产品技术部门员工自身的日常工作之外，穷游每年都给每位员工最多可达 50 天的旅行假期，让他们出国旅行，去实地体验公司的产品。

　　综合员工和用户们所提出的旅行途中遇到的不同需求，穷游相继推出了穷游锦囊、穷游、行程助手等 App。

通过员工亲身旅行的体验，不仅能够对自己的产品有更加深刻的理解，同时也能够深刻理解旅行的意义和价值，从而更精准地把握用户需求，最终改进产品以解决用户的痛点。员工在旅行结束回到公司后，针对产品的各处细节进行"挑刺"，把过程中让他们不愉快的地方，功能需要完善的地方，产品体验不好的地方，都一一提出，相应的产品工程师会根据这些反馈逐步完善产品。

正因为如此，穷游得到了越来越多出境用户群体的青睐，用户口碑好、黏性强，在穷游社区和穷游锦囊上聚集了大量的用户，甚至是带有穷游文化标签的周边产品，如 T 恤、折叠包、手机壳等，都能够受到广大用户的欢迎。

如今，经过了 11 年的发展，穷游网已经从 2004 年德国留学生宿舍中诞生的那个小网站，成为了一个用户遍及全球，服务贯穿旅行全程的一站式平台。除解决了消费者信息获取不充分的痛点之外，穷游网良好的用户体验功不可没。

穷游网鼓励员工体验自己的产品，不仅给员工提供休假和旅行的机会，更是完成了一个自我检视的过程。当企业中的每一位员工都能够在体验后为产品提出至少一点改进的建议时，这个产品想不完善都难。

随着移动化联网的发展，用户的话语权和决策权越来越大，成为产品价值链起点的趋势也越来越明显，企业产品的设计、研发过程，只有牢牢把握住用户的需求和喜好，才有可能引爆市场。

在这种趋势的影响下，企业中能够与用户交流和互动的一线员工也相应地需要越来越大的发言权，产品研发人员与普通员工的界限正在逐渐被打破。

众所周知，传统企业的产品逻辑是以雄才大略的领导者为中心的，这样就弱化了员工的主观能动性和创造力的巨大作用，而互联网时代企业的产品恰恰以用户的体验为导向，一线员工在了解用户需求方面比殚精竭虑的高层领导者更加专业，更具有发言权，一线员工的作用愈显重要。

当用户对产品的个性化、智能化、定制化需求越来越明显时，那些无法快速感知用户需求、依照传统路径生产产品的企业将会被市场抛弃，而想要做到不被市场抛弃，就要求企业从内部将权力与重心向下转移，让每个员工都成为产品经理，让驱动企业发展的力量从高层领导转向一线员工。

为了实现这一转型，海尔创业 30 年后再度创业，要将自身打造成无边界的平台型企业，并提出了"资源杠杆"战略。

所谓的资源杠杆就是将人才作为海尔的资源接口去接入世界资源，为我所用。利用"资源杠杆"战略，海尔建立了开放的研发模式，将研发工作者变成接口人员，原来的一千多个研发人员变成一千多个资源接入口，对接了超过一百万人的全球的一流资源。

无边界的海尔是一个什么样的组织？有什么样的界定标准呢？张瑞敏用两个"零距离"来界定，即顾客零距离，协同零距离。对外实现与用户的无缝对接，对内实现资源的无边界传播，这样就可以发掘出海尔内部的人力和资源的最大价值潜力。

为了进一步发挥一线员工的专业性和创造性，海尔总裁张瑞敏推出了"管理无领导、企业平台化、员工创客化、用户自主化"战略。在这一战略中，海尔的目的不仅仅在于改变领导者的角色和定位，还在于将海尔从一个封闭的企业组织变成开放的创业平台，将内部每一个拥有创新精神的员工变成独立自主的创业者。

2013 年 12 月 26 日，张瑞敏在海尔创业 29 周年纪念会上讲话时说："我所说的管理无领导体现的就是人人创客，让员工创客化。所谓的创客，像美国作家安德森在他那本书《创客》里定义的，就是使数字制造和个性制造结合、合作，即'创客运动'。每个人都可以成为创业家，每个人都可以创业。过去做不到，现在可以了，因为现在有了互联网，有了数字制造，可以通过开源的硬件，3D 打印和其他许多方法来实现，在当前这个时代，每个人都可以通过互联网成为创业者。"

"让员工成为创客"说起来简单，做起来很难，特别是对于海尔这样的大企业。海尔是传统家电行业的领头者，在其发展过程中聘用了大量的具有传统商业管理和运营经验的精英，突然之间实现人人创客，将海尔变成一个创客平台，就意味着之前那些行之有效的管理方法和观念被彻底颠覆。其中涉及的利益纠葛与观念转变的难度可想而知。

张瑞敏提出的管理无领导战略就是为那些具有创新和创业精神的员工去掉精神上"被管束"的压力，使创客们能够发挥自己的聪明才智，放手大干一场。在新战略下，那些曾经跃跃欲试的创客们自然不会让人失望。

"水盒子"是海尔创业平台上的一个典型案例。（图 4-6）水盒子的创始人邹浩曾经是一位在海尔工作近十年的职业经理人，在张瑞敏推出人人是创客战略之后，他积极行动起来，将自己的 40 万元积蓄投入自己的创业项目中。

"水盒子"本来是海尔内部利用互联网技术为用户提供健康用水的智能方案，平时喜欢突发奇想的邹浩意识到了这个产品技术上的缺陷和发展空间，于是开始发挥创客精神，成立了水盒子项目。目前，他正在注册一家名为"浩海科技"的公司。除了水盒子之外，海尔的员工们还打造了游戏本"雷神""智慧烤箱""无尾厨电"等一百多个小微项目。

图 4-6　海尔水盒子功能亮点（摘自：万维家电网）

当员工变成了产品经理，变成了创客，甚至变成了自己项目的CEO，其变化是显而易见的。在此之前，只要完成了产品的策划书就大功告成，而现在，产品的技术、成本、研发、运营、市场、管理等各个方面的事情都要依靠创客们完成。

也许有人会认为，在企业中鼓励创客创业会使企业的原本业务得不到发展，然而，事实上，具有创新精神的员工往往都是在长期的工作过程中发现了企业中某些产品和流程的弊端，积极发挥员工的创客精神恰恰可以帮助企业解决一些高层领导者无法察觉的问题的隐患，从整体上推动产品的性能，同时增强整个企业的创新活力。这对企业来说是百利而无一害，因此，企业不妨变革传统的管理方式、鼓励员工投身到产品设计和改进的过程中去。这样不仅能够为产品优化凝聚更多的力量，还能培养企业的创客文化，何乐而不为呢？

让用户成为企业的一分子

2014 年，小米营销负责人黎万强的一本《参与感》红遍互联网，几乎一夜之间将产品和用户的距离缩小到零。随着互联网思维的发展，用户对产品和企业的重要性不言而喻，想要激发用户对于一个品牌最大限度地热爱，最好的办法就是增加参与感。

每个用户其实都是有倾诉的欲望的，好的产品和功能要点赞，不好的产品要吐槽，在互联网尚未普及时，用户的倾诉欲没有合适的渠道进行发泄，但如今，移动互联网已经十分普及，大多数用户的倾诉欲借助网络得以满足，口碑也就成了关乎企业发展成败的一项指标。

古人云："防民之口，甚于防川。"治国如此，经营企业也是如此。企业若是不在产品设计上下工夫，只想着如何堵住广大用户的悠悠众口，必然是自取灭亡，但反过来，如果能够在产品设计上广泛听取用户的意见，事业也必然是顺风顺水，马到功成。

当下，几乎所有的企业都意识到了用户的重要性，有的说用户至上，有的说要和用户做朋友。但其实用户至上也好，和用户做朋友也罢，最终也只能实现与用户换位思考。然而，企业终究不是消费者，再怎么换位思考，也不如让用户成为企业的一分子，直接参与到产品创造的环节当中。

一般来说，产品的价值创造环节包括产品的设计和制造两个因素，让用户参与制造的可能性是微乎其微的，于是小米将制造的工作外包给富士康和英业达两家制造型企业，自己则牢牢抓住设计，并且在设计的过程中与用户进行大量交流，使用户参与到企业的建设中。

为了让用户能够深度参与到产品研发的过程中，小米公司设计了一个"橙色星期五"的互联网开发模式（图 4-7），将除了代码编写之外的部分都开放给了用户。每周星期五，都会将最新的 MIUI 系统发布在论坛上，之后在星期二的时候收集用户们提交上来的体验报告。

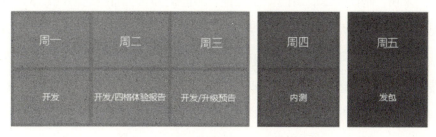

图 4-7　"橙色星期五"互联网开发模式

随着"米粉"的不断增多，参与体验的用户从最开始的每期一万多份，达到了现在的十万多份，为 MIUI 打造了一个十万人的"互联网开发团队"。

这样的参与互动能够让用户和企业之间产生更为紧密的联系，甚至是让用户在企业这里找到一种归属感。因此，无论是粉丝也好，会员也罢，又或者是听起来颇为高大上的事业合伙人，总之就是让用户参与进来，以另一种方式成为企业的一分子。

为了更好地促进"米粉"与企业之间及"米粉"和"米粉"之间的交流，小米公司策划了"爆米花"线下活动。"爆米花"系列活动包括了官方每年组织的几十场见面会，用户自发组织的 500 多场同城会，以及每年年底的"爆米花年度盛典"。

"爆米花"全程都是由用户参与主导的。举办地点在论坛投票决定，现场表演的节目和人选是在论坛里海选完成的，布置会场也有"米粉"志愿者参与其中，活动结束后，小米团队还会和资深"米粉"一起聚餐交流。

每年年底的"爆米花年度盛典"，小米公司会把一些"米粉"从全国各地邀请到北京，举办一场盛会。小米公司的创始人和团队主管都会到场，和"米粉"一起玩游戏、拍照片。除此之外，还专门为资深"米粉"制作VCR，请他们走红毯，为他们颁奖。通过这些活动，"米粉"群体中也有了属于自己的明星。

这些与众不同、打破传统的活动，引爆了小米线上线下的参与感。黎万强说："我们和用户一起玩，不管是线上还是线下，无论什么时候，我们都在想，怎样让用户参与进来，让他们和小米官方团队一起，成为产品改进、品牌传播的'大明星'。"

小米内部没有KPI考核制度，工作的驱动并不是来源于大项目的业绩，而是用户实实在在的反馈。正是让用户参与设计、让用户参与产品创造，让用户与工程师合作设计出他们最喜爱的产品。而这种方式不仅集中了用户的智慧，也增强了用户的参与感。

因此，对于企业来说，将用户吸引到企业的建设过程中，对于企业打造极致体验的产品具有重要意义。当然，不仅是小米，传统家电制造业的领军企业海尔也开始利用众包法则将用户吸引到产品的建设之中。

在众多传统家电还在按照原有的规格和模式生产普通的家电时，海尔集团又率先打出了"我的冰箱我设计"的口号，在这项活动开始不到一个月的时间里，海尔就收到了100多万台定制冰箱的订单。不但如此，海尔还根据各个地区用户的不同喜好打造满足其需求的冰箱。

早在1998年，海尔就专门针对四川农民洗地瓜的需求，推出了专门洗地瓜的洗衣机。1996 年，海尔接到了一位农民投诉排水管总是被堵电话，服务人员上门维修时发现，这户农民冬天的时候用洗衣机洗地瓜，泥土多当然容易被堵住。服务人员在更换了更粗的排水管后，向公司反映了这一情况，海尔经过调研，发现四川地区的农民对洗地瓜有着广泛的需求。于是在 1997 年正式立项，并于 1998 年推出了这款个性化产品。

后来，海尔还根据市场的各种需求，推出了能打酥油的洗衣机和能洗龙虾的洗衣机（图 4-8）。2003 年，一个来自北方某枕头厂的电话打进了海尔总部，问："听说你们的洗衣机能为牧民打酥油，还给合肥的饭店洗过龙虾，真是神了！能洗荞麦皮吗？"结果自然是市场上又多出了一款备受用户称赞的、能洗荞麦皮的洗衣机。

图 4-8　海尔个性化定制洗衣机（摘自：海尔官网）

在信息传播不便的时候，海尔只能通过用户投诉、市场调研等方式来改进产品，很多不痛不痒的需求就被无视了。现如今，海尔是如何实现这种个性化的服务的呢？

海尔集团运用互联网思维整合了全球的研发平台，在这个平台上，用户只要提出自己的个性化需求，海尔就会形成一个研发需求，这些研发需求背后是强大的外部科研资源，这样就形成了从个性化需求到研发满足的闭环，使得海尔能够在第一时间满足用户需求。

此外，海尔还专门成立了企业内部的创新产品孵化平台——海立方。在海立方，海尔的消费者群族可以与海尔内部的创新研发团队进行互动，向他们提出自己的意见和期望，甚至与研发团队一起设计能够改善生活品质的创新产品。此外，海尔还单列一部分资金向用户购买其关于家电产品的创意，通过这些创意和需求，生产出更好的产品，实现企业的获利。

海尔集团利用中报的方式，通过已有的资源进一步培育内部和外部更加具有竞争力的产品，率先打造出一个开放的创新平台，将用户拉进自己的研发过程中，使得海尔摘掉传统制造业的标签，变成一个互联网思维主导，与用户合作的创新企业。

目前，不仅像海尔这样的传统制造商将用户视为公司产品设计者的一分子，服装市场目前也一改往昔由大牌设计师主导产品设计的传统，转向用户参与设计过程。

作为我国互联网快时尚的第一品牌，韩都衣舍拥有 400 多人的时尚设计师团队和接近百人的专职搭配师团队，它旗下具有男装、女装、童装和牛仔等 17 个子品牌，因为其都市时尚风格的定位，韩都衣舍吸引了大批忠实消费者。

在每次要上新款服装时，韩都衣舍首先会将设计图放在网站上，让消费者对款式进行评价和挑错，并在相应的 QQ 群里讨论自己对这款衣服细节处理的建议，最后达成一个大多数消费者比较接受的修改意见进行修改，然后再生产、上架。

在这个流程中，大牌设计师不再是服装设计的主导者，消费群体成为服装款式的颠覆者，正因如此，越来越多的用户参与到韩都衣舍的服装设计中来，不仅增加了产品的市场销量，还增强了的用户黏度。

不仅仅是产品的设计与改进，让企业一直痛并快乐着的口碑传播也是让用户成为企业一分子，参与到品牌建设中的绝佳手段。让用户为企业的品牌做宣传，比企业自己花大价钱打广告更立竿见影。

得益于互联网技术的发展，也得益于国内安防行业市场需求的扩大，安防电商 O2O 模式在 2014 年的发展势头异常迅猛。中安商城、安防人、慧聪安防等纷纷崛起，然而，最为成功的，还是全能安防科技。

在与同行业者的多项评比中，全能安防不仅夺得了 2014 年安防产品销量第一的桂冠，还囊括了品质第一、品牌第一等多项大奖。

全能企业的 CEO 李政表示，全能安防之所以能够在品牌上超过众多对手，秘诀便在于借鉴了小米营销的参与感模式。为此，李政买了一大批《参与感》的书籍，派发给每一位员工进行学习。推动员工思维上的快速转换，让企业运营的"参与感"落到实处。

一直以来，全能安防的品牌目标就是打造国内第一安防品牌，以用户需求为中心，不断生产让用户满意的产品。为此，在结合实体店优势，将线下资源战略性地整合到线上店铺的合流过程中，全能安防创造性地推出了"视觉化营销"概念。充分结合消费者"自己参与生产的产品才会最可信"的观念，将用户引入到了品牌建设和产品开发之中，在每一个环节都享受到足够的尊重和最佳的体验。

比如，不是任何消费者都有购买和使用保险柜等安防产品的意愿，而想要使用这些产品的人，对于产品规格又有不同的需求，了解了用户期望的功能，才能研发出相应的产品，在这一过程中，全能安防便渐渐形成了其特有的"巧夺天工，服务到家"的品牌特点，任何用过全能安防产品的人，都会对这个品牌竖起拇指。

作为一种成功的品牌塑造手段，参与感已经同社会化营销一样，深深地植根于跨界企业的灵魂之中。当参与感真正深入到用户内心的时候，用户就会主动参与到企业品牌和产品的相关活动之中，甚至不需要商家去做无谓的运营。全能安保的成功，正基于此。

企业经营者必须明白一件事情，品牌是针对用户而存在的，好的品牌必须基于用户的需求。比如，阿里巴巴"让天下没有难做的生意"的企业愿景，再比如谷歌"整合全球信息，使人人都能访问并从中受益"的呐喊，都是建立在满足用户需求的基础上的，而想要明确用户的需求，最本质的办法就是让用户参与到企业活动中来，成为企业的一分子。

将用户吸引到企业的建设中，让用户参与产品的设计是众包法则的一个极为重要的方式，通过这种方式，企业的CRM（客户关系管理）发生变化，原本以搜集用户信息为核心的CRM变成用户与企业合作互动的模式，在这种发展条件下企业的产品将更加个性化，用户对企业也更加忠诚。

事实上，让用户参与到品牌建设中来，用互联网思维来解释，就是用众包思维做品牌，传统时代做品牌是企业自己的事儿，做好了才有顾客；而互联网时代则不同，网络时代讲求的是生态，品牌想要做成功，必须是一个生态系统，在这个系统中，线上粉丝、线下用户、合作者，还有员工，甚至是一些不沾边的人，实际上都能为品牌的建设提供建议和力量。至于如何激发这些人的参与感，就要看企业能否给予这些人足够的利益回报了。

以产品为入口，打造生态链接

随着互联网对传统企业的冲击，越来越多的传统企业跨向互联网行业，互联网企业也开始借鉴传统企业所具有的优势与长处。但无论二者之间怎样学习与融合，任何企业都不得不面对这样一个现实：没有任何一家公司能够完整掌握其产品开发和供应链环节所需的一切知识与技术，将整个生态链都掌握在自己的手中。

生态一词原本来源于生物学，是指由不同类型的生物之间通过互相制约而形成的动态平衡的统一整体。在当前的商业社会中，传统企业单打独斗的模式已经落伍，越来越多的企业开始走上类似于环境生态系统中的生态化道路。

未来的商业竞争将基本告别企业与企业之间的单打独斗，而是整个平台生态圈的斗争，因此，打造出一个强大的平台生态圈对于未来企业的发展具有重要意义。而产品，就是串联生态链的关节所在。

以产品为连接点所建立起的生态模式大致分为三种：一种是打造平台产品，连接企业与企业或企业与用户；一种是打造核心产品，连接产品与产品；另一种是打造入口型产品，实现产品与人之间的连接。

作为一种商业模式，平台战略的精髓在于打造一个完善的、具有强大生长潜能的生态圈，在这个生态圈里拥有独树一帜的机制系统，能够充分激发各方之间的互动，进而达成平台的愿景。纵观那些颠覆传统的企业，其成功的关键就在于建立了强大的平台生态圈，通过这个平台，连接两个以上的群体，打破了原有的产业价值链。

阿里巴巴是一个强大的平台生态圈，在这个生态圈里，阿里发展了国内和国际的 B2B 电子商务、B2C 电子商务和 C2C 电子商务，以及电子商务的支付系统、比价系统、商品搜索、团购等以电子商务为中心的多样化平台生态圈。

当前，阿里巴巴的平台生态圈不仅改变了人们日常的消费习惯对传统经销商形成威胁，其支付平台还改变了人们的存款习惯，对传统银行形成威胁。不仅如此，在淘宝和天猫平台上的上千万卖家全部依靠这个平台获得生存。而马云倾心打造的菜鸟物流，也正在逐渐起到连接各大物流企业的作用，建立起一个高效的物流平台。不得不说，阿里正在依靠其打造的生态圈来改变当前社会。

2013 年，工业时代的传统企业海尔开始与阿里合作，海尔希望在未来将所有的家用电器变成互联网的终端，实现智慧家庭的目标，这个过程需要整合大量的资源，正如张瑞敏所说："我希望将海尔当成一个平台来运作，不要再将海尔做成一个企业，而是要变成一个创业的平台，这个平台上可能会有许多微小企业，让他们成为自主经营体，每个经营体与海尔联合，变成一个利益共同体。"正是在这个思想基础上，2014 年，海尔提出了"企业平台化、员工个性化"的战略目标。

由此可见，自身实现平台化或者接入平台发展已经成为未来企业发展的主流趋势，不仅仅是企业与企业之间、人与人之间，产品与产品之间也要紧密地连接起来。正如奇虎 360 创始人周鸿祎所说："下一个五年，我主要强调一个词：万物互联，未来人与人互联，人与万物互联，这对传统企业来说是一个巨大的机会，我们今天所见到的硬件，所有的物品都可以智能，都是一个不像手机的手机。"为什么所有的物品都能实现互联，一方面是技术的强大支持，另一方面是企业通过产品，将自身的产品链串联起来，形成了一个生态。

目前，小米也在依靠"软件、硬件、互联网"的"铁人三项"原则来打造和构建自身的生态系统，包括智能硬件、移动互联网和电商平台三个方面。

小米智能硬件生态圈的核心是小米手机、电视、路由器。小米之所以进军智能家居系统，就是因为小米路由器能够实现家用电器的连接，进而研发一个具有强大连接能力的 App，通过小米手机实现 App

与家用电器的连接（图 4-9）。在这个生态圈中，小米不仅要完成所谓的使用场景，还会使手机、电视以及路由器与家用电器设备的互联互通，使得内部的软件协议以最合理最高效的模式运行。当小米的硬件智能设备具备这些功能时，小米可以吸引更多的创业者与小米展开合作。

图 4-9　小米路由连接智能家居（摘自：驱动之家）

目前，小米的智能硬件生态圈中涵盖了手机、可穿戴设备、家用办公电子设备等多终端的生态链，最终通过互联网的整合，使其全部实现连接。此外，雷军还打造了小米的智能生态链战略，希望通过这个战略将小米的模式扩展到一百家企业，当前已经有 20 多家企业加入该战略，研发出小米手环、移动电源和小米耳机等产品，未来将会有更多的企业加入到小米的智能硬件生态圈中。

小米移动互联网生态圈的核心是 MIUI。MIUI 被誉为小米之魂，是小米手机的核心竞争力之所在，最初 MIUI 作为基于安卓系统开发的 ROM 凭借其出色的本土定制化和完善的功能获得了小米的第一批种子用户。自发布以来，MIUI 就保持着每星期五更新一次的传统，目前 MIUI 适配的非小米手机已经超过 400 万部，总下载量居于第一位。MIUI 由此也积累了大量用户，成为小米公司互联网生态圈的关键性入口。

当前，MIUI 早已超越了一款普通 ROM 的含义，被小米公司打造成了一个独立的生态系统，在 MIUI 这个平台上，小米搭建了自有的应用商店、游戏中心、云服务和浏览器等，甚至还推出了虚拟货币——米币。此外，在新版的 MIUI 界面上小米又加入了 Wi-Fi 直接连接功能，在拨号 App 内搭建黄页生活平台，使得用户标记常用生活服务号码，体验语音可视化菜单，完成手机快递查询、充值缴费、手机挂号、打车、订餐、叫外卖和预订机票等功能。可以看出，小米正在通过 MIUI 平台整合第三方服务功能，打造一个完整的生态系统，开拓小米市场版图。

小米目前正在致力于打造的另一个生态圈是电商平台生态圈，意想不到的是目前这个生态圈已经成为中国第三大电商平台。

小米的电商平台生态圈中不仅卖手机，还卖一些其他商品。在小米电商生态圈里有许多与手机相关行业的企业，如生产小米耳机的加一联创、生产智能摄像头的云蚁、智能照明生产商 Yeelink、生产移动电源的紫米科技。这些企业在小米电商这个平台上迅速扩展了市场，实现了盈利。

2015 年，小米开始布局智能家居领域，在 2015 年初小米 Note 的发布会上，雷军表示小米已经通过与产业链的合作研发，推出一款成本只有 22 元的智能连接模块，小米将以成本价将模块提供给自己的合作厂商。当用户安装了这个无线模块之后，传统电子产品只要通过手机的 App 即可实现连接与控制功能。

与小米相同，京东、阿里巴巴、百度等互联网公司也开始投资相应的厂商，为家电厂商提供相应的硬件接入服务，目的就是为了通过相应的产品，来串联起更加广阔的商业生态圈来赢得商业竞争。

此外，企业也在致力于打造入口产品，将用户带入到特定的场景当中，实现人与产品、人与服务之间的连接。

最具有代表性的入口型产品，非地图莫属。近年来，各大互联网商家纷纷布局地图业务，随着阿里巴巴收购高德地图尘埃落定，BAT三巨头之间的入口争夺战再一次打响。

在国内地图领域，百度地图一直是高德的主要竞争对手。作为中国三大互联网公司之一的百度，正是借助着百度地图的力量，快速地切入到了百姓的生活服务领域。

目前，百度地图的用户规模超过 2 亿，覆盖了国内近 400 个城市、数千个区县。只要登录百度地图，用户便可以查询街道、商场、楼盘的地理位置，与此同时，也能通过它找到最近的餐厅、学校、公园和银行等。另外，百度地图还能够提供丰富的公交换乘、驾车导航的查询功能，为用户提供最适合的路线规划。

在 2013 年百度世界大会上，百度 CEO 李彦宏反复强调了百度地图，以及 LBS（基于位置的服务）对于百度的战略重要性，并坚定地说："百度地图已经从单一的出行工具变成了一个生活服务平台，用户可以通过百度地图得到完整的生活服务体验。"

根据路透社此前的报道，百度地图的用户数量已经达到了 3 亿，截至 2015 年 9 月，百度移动地图业务的月活跃用户数为 3.26 亿，占据了市场 70% 以上的份额。

2015 年的"十一"黄金周，百度地图趁热打铁，更进一步扩大百度地图的生活服务项目，瞄准了酒店市场，推出"百度地图订酒店"活动（图 4-10）。结合之前接入的 Uber、糯米、e 代驾等产品，餐饮、景区、商场、电影院、酒店、顺风车等线下服务，均可以通过百度地图实现线上交易。

图 4-10　"百度地图订酒店"活动界面

在李彦宏看来，未来的机遇不在于搜索而在于服务。未来的生活服务将更加趋于本地化，而百度地图作为一个入口型产品，能够很好地打通人与服务之间的连接。

21 世纪什么最重要？或者说"互联网+"的时代什么最重要？不是互联网，也不是所加的内容，而是那个"+"号。如果企业、产品与消费者三者之间不能形成有效的连接，那么这些企业和产品的发展必然要受到制约，难以实现盈利。

随着移动互联网的不断深入发展，未来企业的平台化发展趋势越来越明显，因此，不仅是互联网企业，传统企业更应该树立打造平台的思维，以产品为入口，打造生态链接，将自己打造成平台或者利用平台进行发展。

第 5 章

极致的服务体验

极致和体验是互联网经济下最常见的两种思维，而把体验做到极致更是跨界创新一项不可或缺的重要元素。在同质化竞争异常激烈的今天，只有在细节上做到极致，将服务与体验同产品一起，做到同步升级，才能真正地打动用户。

体验经济的时代已经来临

自人类社会从自然经济步入商品经济时代之后，随着生产力的不断发展和进步，商品种类逐渐增多，人力资本也成了基本生产要素构成的一种，土地和机械的重要性开始下降，在产品之外，人们更希望得到服务。

而随着互联网技术的发展，在服务经济的背后，一扇新的大门打开了。人们不再满足于服务，而是开始追求超出服务之外的、更高层次的东西。于是，体验经济时代到来了。在这样一个"体验时代"，只有打造良好的用户体验，才能让更多的用户选择你的产品和服务。

商品经济时代，人们往往更加关注产品本身。比如 20 世纪七八十年代，人们往往会选择买布料自己回家做衣服，或者是找一家店铺做衣服，布料和款式是消费者关注的重点。而到了 90 年代，进入了 21 世纪，量体裁衣的人慢慢地变少了，人们开始在商店购买成衣，这个时候，产品的质量是一方面，能不能试穿、店员的态度等店铺能够给顾客提供的服务，在促使顾客做出购买决定的过程中，渐渐地占据了更大的比重。

如今，产品和服务的价格都在降低，标准却在不断上升，那些不能为消费者提供更优质的产品和服务的商家，势必要被市场逐渐地淘汰。而剩下的企业，如何才能够从同质化的市场中脱颖而出呢？唯有打造体验。

在 2014 年 3 月的一场大数据产业推介会上，马云在演讲中说："人类正从 IT 时代走向 DT 时代。"并且肯定地强调，"从 IT 时代到 DT 时代，企业成功的关键将在于用户体验。"他认为，数据科技时代一个非常重要的特征是体验，也就是感受。客户要的不只是产品和服务，而且是优质的服务和体验。

马云还解释说："从某种意义上讲，客户与你发生了最直接的交易关系，他们只是单纯地购买了你的产品，而并不代表着他们就是这些商品的使用者，真正对产品形成需要并实现使用的是用户。因此，用户体验感的优劣，将会通过直接或间接的方式反馈给购买者，进而关系到二次消费的有无。企业必须意识到这一点，并逐步将战略的中心由客户转移到用户。"

为此，阿里巴巴先后推出了各种能够增强用户体验的业务服务，其中，效果最好的便是淘宝体验店。2011 年 5 月，淘宝商城首家线下家具体验馆"淘宝商城·爱蜂潮"在北京开业并尝试运营（图 5-1）。

淘宝商城·爱蜂潮是由阿里巴巴的合作伙伴北京爱蜂潮公司建立的一家线下体验馆，馆中商品主要来自淘宝商城（包括 OEM 厂商、网货品牌，以及曲美、全友等近 300 家知名企业）。

图 5-1　淘宝商城·爱蜂潮体验店（摘自：搜狐网）

为了增强用户的体验感，淘宝商城·爱蜂潮采用罕有的 F2C 销售模式（Factory to Consumer），即工厂到消费者的原产地直销，从而消除一切中间环节，让用户在获得体验的同时，即可下单订货，甚至还能在体验馆通过收银台付款。

近半年来，电商巨头们类似阿里巴巴"爱蜂潮"这类的线下实体店已经涌现很多，其中包括 2014 年 10 月，亚马逊在纽约曼哈顿第七大道开设的第一家实体店，以及同年 11 月，京东在北京开设的"京东帮服务店"，等等，都是为完善体验机制所做的努力。

未来经济学家阿尔文·托夫勒在《未来的冲击》一书中这样写道："经历了几千年农业经济、几百年工业经济和几十年服务经济后，体验经济将是发展浪潮。"

在传统的工业时代，任何企业，只要方向准确，策略得当，都有机会通过粗放式发展来实现扩大规模和市场的目标，然而，伴随着移动互联网时代的来临，传统的粗放型、广撒网的发展模式俨然已经不再符合新商业的发展要求。

因此，不仅越来越多的电商企业开始像阿里巴巴、亚马逊等巨头一样，意识到消费者在购物时只能凭借图片和文字介绍来判断商品，无法获得切身的体验，难免会造成一定的误差，最终影响其未来的购物选择，传统企业在走上跨界的道路时，也开始考虑如何凭借用户体验，来给自己铸造一块坚实的品牌。

近年来，传统餐饮业每况愈下，而"外婆家"餐饮连锁机构却大有逆袭之势，在创立以来的 16 年中不断扩大规模，甚至一度在大众点评网发布的杭州菜系浏览量排行中，以 10670 票高居第一。

有人问及"外婆家"成功的关键，其信息部部长王伟表示，"外婆家"的成功始于广大用户的支持，而消费者之所以如此热衷于外婆家，则又是因为"外婆家"始终致力于打造一流的用户体验。

从 2014 年下半年开始，随着 O2O 模式的疯狂扩张，乐于接受新鲜事物的"外婆家"敏锐地发现了商机，开始大力推广微信点餐及支付业务，希望借助微信支付引入移动支付体验餐厅。当用户排队等位时，微信能够自动推送订餐信息，支付过后便可自动下单，而当排到号时，顾客就可以直接进去享用美食了，无须落座后再点餐，充分节省了用户的宝贵时间。

为了更好地吸引和留住顾客，"外婆家"餐饮连锁公司还创新了诸多移动用餐服务功能。比如，通过优惠活动了解餐厅动向，定位查找餐厅信息，直接在线下单，等等。

另外，如果用户关注了"外婆家"微信公众账号，并通过微信支付 1 分钱，即可获得就餐的优惠资格。当用户通过该公众账号在就餐完毕付帐时，只需轻轻点击含支付链接的微信消息，"外婆家"就会根据优惠信息，进行自动减免。

2014 年，"外婆家"全国范围内新增店面 70 多家，营业额继续保持在 40% 以上。在业绩大丰收的 2014 年年末展望 2015 年，曾经仅以两万元实现创业的"外婆家"老板吴国平坚信，"通过微信支付和其他移动端口的运用，外婆家一定可以把中餐做成快餐化，将服务完全体验化，让用户的移动用餐消费更加便捷和优惠。"

与其他产品标准化较强的行业不同，餐饮业众口难调，有多少人说你的饭菜好吃，就会有更多的人说不好，但是在消费过程中所感受到的环境、氛围和服务，大众的标准却是有迹可循的。"外婆家"的菜不见得是最好吃的，但是得益于各个消费环节中的绝佳体验，用户就会选择去"外婆家"旗下的餐厅就餐。

当然不仅是餐饮业，衣食住行用等与人们生活息息相关的行业，都在发生着变化。传统企业和互联网企业都在相互融合、渗透，原本各自拥有的优势也都被另一方所吸取。因此，体验经济是企业融合跨界后的新出路。

2015 年 4 月，品途网创始人兼 CEO 刘宛岚在参加南开创业商学院举办的创业微讲堂时，曾经举过这样一个例子：她曾经在购物中心看中了海报上的一款外套，但是这家店缺货，服务员说如果需要可以从其他店调货，然而在这种情况下她已经错过了冲动消费，就不会再购买这件外套了。

这种情况相信很多人都遇到过，商家也错失了不少商机。因此刘宛岚建议线下的实体店，可以将海报商品每个型号备一件以供客户试穿，试穿合适的商品，可以在店铺完成下单和支付，然后将商品送货上门，实体店也可以准备一些库存以供即时销售。这样一来，用户总是能够买到自己需要的款式和尺码，商家也解决了库存分配和挤压的问题。

虽然这种并不算新鲜的 O2O 模式在国内的服装行业还没有大规模地铺开，但是早在 2013 年，美特斯邦威就已经开始尝试用这种形式打造自己的线下店铺。

美特斯邦威创建于 1995 年，公司致力于打造"一个年轻活力的领导品牌，流行时尚的产品，大众化的价格"，一直以来都深受年轻消费者的喜爱。然而近年来，迫于市场的压力，美特斯邦威也开始谋求转型的道路。

2013 年，美特斯邦威董事长周成建开始着手，将部分线下店铺由直营店改造成"O2O 新概念体验店"，并将独立运营了两年的电商平台"邦购网"收回到上市公司内。于是，用户可以通过邦购网查看产品、预约试衣，到店后有店员帮助完成服装搭配。不想提着大包小裹逛街，还可以选择将衣服快递到家里，同样也可以在网店下单到实体店自提。

除此之外，周成建还将这些体验店彻底重新装修，每个城市的风格各不相同，每家店也有不同的主题，并且店内设有书吧、咖啡吧及花园露台等休闲设施，方便顾客休息，同时提供免费 Wi-Fi（图 5-2）。

图 5-2　美特斯邦威体验店内顾客们正在感受线上线下同步营销

（摘自：浙江民营企业网）

周成建希望通过这样一种店铺升级的方式，将文化背景植入到美特斯邦威的定位当中，彻底改变美特斯邦威在国人心中的旧印象，让美特斯邦威从一个普通的服装品牌，转化为一种生活方式，让消费者重新认识美特斯邦威。

另一方面，美特斯邦威也在积极为品牌定位的转变做准备，通过这样的 O2O 模式，可以收集到大量的后台数据，从而了解顾客的消费喜好，并以此为依据进一步对产品做出调整。

虽然这样一种模式并没有马上将美特斯邦威从逐年下滑的业绩中

拯救出来，但毫无疑问，体验经济时代的大门已经向我们开启了。

正如美国经济学家约瑟夫·派恩二世和詹姆斯·吉尔摩在《体验经济时代》一书中所写的那样，人们正迈向体验经济时代，体验经济终将取代服务经济。无论是互联网企业还是传统企业，都在向体验经济这一模式演进。

然而，这种演进是不进则退的。如果你的企业或团队不能够顺应这种浪潮，就必将被市场所淘汰。所以，作为创业者，只有要紧跟时代的步伐，尝试创建体验经济，才能做到登高而招见者远，顺风而呼闻者彰。

不只卖产品，更要卖体验

体验经济时代的来临，让"体验"瞬间成为了一个无处不在的热词，产品体验、服务体验、用户体验等词汇也是层出不穷。但其实，体验并不是一个新鲜的概念，但却是第一次被广大消费者所认知。而一旦消费者的体验意识觉醒了，商家就不能够再仅仅只提供产品，更要提供体验。

作为一个很多人曾经梦寐以求的品牌，诺基亚拥有着很多其他品牌所无法企及的实力：有创造力、有设计、有技术实力、有品牌影响力、有完整的产品线、有完善的销售渠道和售后，每一条都足以打造出一个有发展潜力的创新品牌，然而诺基亚却以迅雷不及掩耳之势，从高高的峰巅上摔了下来。

消费者想要的无非是一款方便、安全、简单、用着舒服的手机，诺基亚无论是抛弃塞班加入安卓的阵营，还是将塞班系统不断优化，来满足消费者对于用户体验的需求，都能够保证自身不被消费者所抛弃。但是诺基亚却选择了一意孤行，思维一直停留在做产品的层面上。

举个最简单的例子，诺基亚的智能机功能不可谓不丰富，但相应的 App 市场却发展缓慢，这就造成了用户体验的短板，用户体验上不去，市场份额自然就会降下来。

反观苹果，在通话功能上并不出色，但在购买 iPhone 之后所能够享受到的海量 App 和音乐内容，以及良好的操作体验，都成为了用户选择它的理由。这是一个体验为主的时代，用户体验才是企业生存和发展的必备因素。

随着信息技术和互联网的深入发展，消费者的自我意识不断觉醒，人本精神也越来越得到企业的重视，因此，以用户为中心的用户体验也被称为"企业创新 2.0"模式的精髓，更是跨界运营、赢得用户的一大重要"杀手锏"。

用户体验一词最早被提出，是在 20 世纪 90 年代，是由用户体验设计师唐纳德·诺曼所提出的，其英文为"User Exprience"，简称 UE 或 UX，是一种在用户使用产品过程中产生的纯主观的感受。因此，从某种意义上讲，用户体验是一种纯主观的感受，是在用户接触产品，或是服务的过程中，形成的一种综合体验。

20 世纪 60 年代 DIY 开始在欧洲广泛流行，后来在国内也掀起了一股 DIY 热潮，最典型的代表就是各种陶艺吧的盛行。如今，消费者需要的不仅仅是一个产品或是服务，而是能否通过这个产品或服务，感受到身心愉悦，而成为一个美好的记忆。

作为国内餐饮业较为成功的创业项目，"雕爷牛腩"的整体运营，其实都是环绕着满足用户需求的服务体验而出发的。

之所以说孟醒一直在用互联网的思维经营餐馆，是因为"雕爷牛腩"始终坚持着"用户体验至上"的体验理念。来"雕爷牛腩"用餐的顾客，只要一进入餐厅，便会感到一种舒适和愉悦。

首先，来此用餐，顾客可以体验到别样的异国风情。韩式的小菜，越式的前菜春卷，泰式的高汤，法式的上菜顺序，日式的服务。多种特色的有机结合，不但丝毫没有杂糅之感，反而有一种"集百家之所长"的包容并蓄的雅趣。另外，"雕爷牛腩"的餐具都是特制的，在顾客就餐完毕离去时，甚至可将特制的筷子带走，留做纪念。而享受如此高端的服务，用户的就餐费用也就人均100多元，绝对是物超所值。

其次，"雕爷牛腩"所提供的12道特色精致的菜品，每一道都可谓极致中的极致，而且还会根据顾客的建议，定期更新菜系，满足顾客需求（图5-3）。

图5-3　"雕爷牛腩"的部分菜品（摘自：@雕爷牛腩的微博）

最后，在茶水方面，"雕爷牛腩"的用户体验也是首屈一指的。

不但提供云南普洱、茉莉香片、冻顶乌龙、西湖龙井四种颜色从浓到淡、味道由重到轻的茶水，还专门从女性顾客的需求出发，提供薰衣草红茶、洛神玫瑰、洋甘菊、金莲花等特色花茶，既能清心明目，又能纤体排毒，赢得了大量女性消费者的喜爱。

通过对以上菜品和服务的不断改良与升级，"雕爷牛腩"成功地把顾客的用餐体验做到了极致，并且赢得了用户的良好口碑。这些用户将自己良好的体验感记录下来，放在微博、微信、大众点评等线上平台，"晒"给朋友和访客，最终又为"雕爷牛腩"带来了大量的订单和火爆的生意，形成了一个完美闭环。

雕爷孟醒提升用户体验的理念证明，在互联网时代的大环境下，企业想要开辟市场，想要得到长足的发展，就必须在用户体验上下工夫，而且必须下苦工夫，以用户为中心，将运营建立在用户良好体验的基础之上。

对于许多年轻人来说，在宜家挑选家具是一个不错的选择，甚至有很多人，即使没有明确的想要购买的商品，也会趁着闲暇时间，像逛百货商场一样，去宜家逛上一逛。宜家已经通过为消费者提供的体验，将自己打造成了一种生活方式。

去过宜家的人可能有注意到，在宜家不仅有各种商品的陈列展示，还有精心设计打造的样板间，经常能够看到顾客在展示区的沙发和床上或坐或卧，小朋友们在儿童区也玩得不亦乐乎。消费者通过亲身感受，更容易理解产品在具体环境中的使用，也更容易购买相匹配的产品。

所有的样品都采用开放式的陈列方式，用户能够很直观地接触到产品，哪款产品的性能最好，哪款产品在做促销，都能够很直观地观察到。并且宜家还很贴心地为顾客准备了卷尺、铅笔和纸，方便用户测量产品的尺寸，记录想要选购的商品的货号，还可以通过电脑来查询产品的库存数量。一圈逛下来之后，用户再到提货区，根据之前抄录的货号，领取商品。

除了对于产品的直接体验之外，宜家还在卖场内开设了餐厅和食品店，顾客可以选择在宜家吃个午饭，会员的话还可以享受免费咖啡（图5-4）。因此在很多人眼中，宜家已经不仅仅是一个卖家具的商场，还能够提供集购物、休闲、餐饮于一体的"一站式"服务，更重要的是，宜家还代表了一种生活理念。

图 5-4 宜家餐厅一角（摘自：中国常州网）

值得一提的是，宜家的产品几乎都是自己组装的，商品里面有着很详细的安装说明，用户在购买产品之后，能够自己进行组装，体验一下"自己动手，丰衣足食"的感觉。当然，如果"懒得动手"的话，也可以请宜家的安装队进行安装。

可以说，宜家之所以能够留住大量的顾客，就是得益于这种全方位的体验：从产品来说，可以直观地体验产品性能；从服务来说，休闲、餐饮等设施一应俱全，绝对能够提供良好的购物体验；单纯从体验来讲，宜家还通过自己动手组装产品，将用户的购物体验升华成了一次美好的记忆。同样是购买一个衣柜，你也许不会记得是在哪个家具城买来的，但你一定会记得"这是我自己组装起来的"。

如今越来越多的互联网家居企业，也逐渐意识到了体验的重要性，开始推广自己的线下体验店，用线下的体验，带动线上的销售，取得了不错的成绩。美乐乐家具，正是凭借线下体验店，从一个天猫商城中的网店，发展到了如今年销售额可达 20 亿元规模的家具电商平台。

经济在发展，时代在进步，消费者的生活水平和生活理念都在发生着日新月异地变化。现如今，为了产品而买产品的消费者已经越来越少了，他们往往更看重产品背后所能够带来的服务与体验。以往最直接的感受就是售后对于产品销售的影响，而现在售中，甚至是售前都成为了用户关心的领域。

如果宜家的大行其道，还有一部分原因可以归结为品牌的力量，那么下面这个例子，就完全是体验在起作用了。

不同于宜家家居产品的专卖，食品、饮料等快销品往往活跃在街头巷尾的各家商店里，大到百货公司，小到一个自动售货机，都能看到这类商品的影子。从以往的眼光来看，能够通过一台自动售货机购买商品，已经是一件很简便快捷的体验了，但友宝更进一步，不仅做到了卖产品，更做到了卖体验。

成立于 2010 年的友宝，经过 5 年的发展，已经凭借其智能售货机业务，成为了中国自动售货机运营商的领导品牌，除了采用物联网技术让自动售货机的运营模式"洗心革面"之外，友宝还在硬币、纸币购买方式外，推出了手机支付的购买模式。

最初，友宝以与微信合作的方式，在售卖机的显示屏上根据所选商品的价格显示二维码，用户可以通过微信支付，完成无纸化购买。

后来，友宝推出了自己的客户端，让用户能够在手机下单购买附近售货机或便利店的产品。

通常，顾客在自动售货机购买商品时，总是需要准备1元硬币或者是5元、10元面值的纸币，就算有相应面额的纸币，也常常会面临机器不收钞的窘境，十分麻烦。而这种无纸化购买，绝对让用户体验上了一个新台阶。

进入体验经济时代以来，商品本身对消费者的吸引力已经越来越小，消费观念的变化，让人们不再期待一个产品能用上十年二十年，尤其是自我意识较强的年轻消费者，产品背后所带来的服务与体验，才是他们真正关注的焦点。有多少人去星巴克是真的为了喝一杯咖啡呢？

正所谓，酒香也怕巷子深，在快节奏的生活方式面前，又有几个人愿意绕进弯弯曲曲的深巷，去打一坛酒呢？更何况别人家的酒并不比你的差。所以，创业者一定要摒弃陈旧思维，从以产品为导向的思维当中跳出来，将用户体验当成核心目标，在提高产品质量的同时，用体验来提升产品和品牌的价值，最终实现盈利。

以用户需求为基础

传统企业与互联网企业之间的跨界大战，以及同一领域中不同掠食者之间的争夺，都致使当今创业者注定要面临空前激烈的竞争和淘汰。而对抗企业的同质化竞争，最好的战略就是寻找和制造自身与竞争者的不同，通过打造更胜一筹的体验来吸引用户的眼球。

那么，什么样的体验才是能够让用户眼前一亮的呢？或者说，什么样的体验才是用户最迫切想要得到的呢？这就涉及体验与需求的关系。

通常来讲，用户在购买某些商品时是十分不理智的，比如，一个人因无聊而逛街，原本并没有购物意愿，却很可能因为导购热情地推销而将一件衬衫购回家中。

然而，就更多时候而言，这种不理智毕竟还是少数，绝大多数用户在决定是否购买某一商品的时候，都会问一个很简单的问题，那便是：我需要用这件商品做什么？或者说，这件商品能够给予我什么价值？这个问题如果不能得到解决，购买便很难实现。而体验的基础，就是解决用户的原始需求。

作为全球商品品种最多的网上零售商和全球第二大互联网企业，亚马逊从 1994 年创立开始，便被华尔街的投资者们争论不休。

在长达十多年的时间里，其创始者杰夫·贝佐斯从来不讲如何为股东创造最大的价值，而是反复强调要创造最佳的用户体验。为此，他甚至花巨资购建了大量基础设施。这让亚马逊的投资回报率始终无法提高，投资者们对此颇有微词。然而，不可否认的是，亚马逊的客户群体一直保持着极高的增长率，而且忠诚度也很高，帮助亚马逊打败了很多竞争对手。于是，投资者们对亚马逊只能是又爱又恨。

贝佐斯认为，零售业利润率低，必须依靠顾客的持续购买才能产生规模性收入。也就是说，像亚马逊、沃尔玛这类零售企业，注定要产生好的用户体验，让顾客满意，顾客才能再来购买。贝佐斯还强调："用户使用亚马逊产品的过程，是亚马逊与用户对话的过程。产品的售出并不意味着销售结束，而是体验的开始。"

以网上卖书为例，亚马逊利用互联网的技术优势，创造了极佳的用户体验。而这些体验，则全部是由用户的需要出发的。比如，鼓励读者在已购书目下写书评，这样，书评积累到一定程度，用户需要某一本书时，即可通过书评率先判断该书的购买价值；另外，亚马逊还会根据用户已购书目，判断读者需要，向其推荐相关书籍。这些都是竞争对手们从未尝试过的。另外，在物流体系上，亚马逊也投入了上亿美元的巨资，只为提高库存，加速递送速度，让客户更快地拿到商品。

在2011年10月，亚马逊公司还根据中国消费者的搜索习惯，将"卓越亚马逊"更名为"亚马逊中国"，并启用更短的域名"z.cn"，只为了能够给中国用户提供更加方便愉快的网上购物体验（图5-5）。

图5-5　亚马逊中国更换域名后的广告形象（摘自：营销智库）

2014年1月，《华尔街日报》刊登出了一篇名为《亚马逊最厉害的武器——贝佐斯的偏执》的文章，作者在文章中提到了他在亚马逊网站购物的一段故事。在购买了一条价格为13美元的运动裤，并且收到实物后，才发现裤子太大，想要退掉，于是便联系亚马逊的客服人员。结果，他很快便收到一封来自亚马逊的电子邮件，回复称：作为一个重要顾客，您无须退回这条运动裤就可以拿到退款。

也就是说，在评估了顾客的重要程度，以及退货产生的费用可能会超过产品的价值后，亚马逊决定满足用户的原始需求，即退货。同时，也让用户白得了一条运动裤。由此也不难看出，亚马逊将基于用户需求的客户体验放在了多么重要的位置。

比尔·盖茨曾说，判断一家公司是否伟大，并不在于它缔造了多少富翁，或是创造了多少市值，而是看它真正给用户带来了多大的价值。

正如比尔·盖茨所言，唯有能够创造足够多用户价值的企业，才能衍生出无限的商业价值。遗憾的是，当下的很多企业都没有意识到这一点，他们并不在乎用户的真正需求和体验感。

比如，在一些城市的出租车后座上会挂着一些液晶显示屏，乘客一上车便会被无休止的广告"袭击"着眼球和耳朵，体验感极差，甚至让人产生一种再也不想坐这个城市的出租车的感觉。

这些广告投放者虽然在一定程度上实现了广告推广的效果，但却根本无法达到将广告听众转化为真正消费者的终极目标，结果自然注定是失败的。

其实，对于广大创业者而言，只要能够及时发现用户需求与体验之间的关联，并且有针对性地进行调整和改进，并不是没有反败为胜的可能。

作为一家店面遍布世界，拥有极高人气的著名连锁便利店，即便在电子商务高速发展的今天，7-Eleven 仍然保持着良好的发展态势和速度，继续着它的扩张事业，甚至已经开始着手 O2O 线上布局。

如今，7-Eleven 已经成为日本消费文化的一个代表，但它其实是发源于美国的，最早称为"南大陆制冰公司"，是制造冰块的冰厂，经过 10 年的发展，在 1947 年才正式更名为 7-Eleven，并且成为了一家零售连锁公司。

7-Eleven 的寓意是：早晨 7 点钟起床，晚上 11 点钟睡觉，倡导早睡早起的健康生活。作为 7-Eleven 的创始人兼 CEO 铃木敏文坚持认为，企业成功的基础基于用户的原始需求，构建深入人心的用户体验。

为此，铃木敏文要求 7-Eleven 的每一个管理者必须对每一种产品、每一个店铺、每一位员工都要有充分地了解。通常情况下，便利店的产品都是供货商提供的，而其中不少产品都没有标明具体的使用方法。针对这一问题，铃木敏文要求 7-Eleven 的员工要对产品进行试吃和试用，摸清产品属性，然后为消费者提供相关解读。

比如，7-Eleven 曾经出售过一款泡面，包装上并未提供关于水量的信息，铃木敏文便亲自尝试了 20 多次，终于找到了最佳水量，然后将信息传递到了每一家分店，让店员再将水量以便利条的方式贴在了泡面的包装盒上，为消费者提供可靠的建议。

此外，铃木敏文还特别要求每家店铺都要对员工进行服务方面的培训，让他们给消费者最好的体验。比如，7-Eleven 提供便利快餐服务，有些顾客因为来晚了，盒饭已经售罄。这时候，7-Eleven 的店员不会建议你买面包或是泡面，而是会基于你的原始诉求，贴心地提醒你，去隔壁的便利店也能买到类似的盒饭，有的服务员甚至还能向你推荐他们家的哪一种盒饭比较好吃。

在铃木敏文看来，这并非是为竞争对手揽生意，而是为解决用户的原始需求而服务，只有这样的品牌，才能让用户打心眼儿里认可。

在国内的店铺中，7-Eleven 的这种服务体验是很难想象的。比如，你去中兴手机的专卖店向人打听华为哪款产品比较好，去全聚德打听庆丰包子怎么样，得到的恐怕只能是冰冷的"不知道"，或者是白眼。

然而，恰恰是这种对顾客需求的不同态度，决定了企业的不同格局和潜力。一家便利店，能够做到商店遍布美、日、中、新、澳等数十个国家，全球店面数目超过 3 万家。不得不说，铃木敏文以 7-Eleven 醒目的成绩向我们证明，无论何时，基于用户需求而提升服务体验，永远是企业应该挖掘的潜力之一。

随着用户需求越来越个性化，企业在打造用户体验的时候，最忌闭门造车。对用户想法的主观臆断，最容易形成想当然的决策，因此，在这种时候，创业者们不妨问自己一句："子非鱼，安知鱼之乐？"

其实，这不仅仅是创业者容易出现的问题，大企业同样如此。作为日本著名的跨国性公司，松下在全球拥有 230 多家公司，员工总数超过 30 万人。在过去很长一段时间内，松下公司生产的电视、电冰箱、数码相机，以及空气净化器都是中国消费者的首选。

然而，近几年来，伴随着国产品牌的兴起及众多竞争对手体验模式的不断升级，服务体验上始终保持保守姿态的松下电器在中国市场的竞争力大打折扣，甚至一度消失在了人们的视野之中。

在 2013 年之前，松下中国市场运营负责人固执地认为，中国消费者只是单纯的越来越重视高端的生活，所以，松下只要保持生产出高端商品便不会被市场所淘汰，然而，随着业绩的持续下滑，松下高层终于发现：中国消费者早已不再是只看品牌和价位，只是去盲目地追求高价格、高科技的产品，而是需求在达成了体验认可后，才会决定是否购买。

因此，松下如果空有高端产品，却不能给中国消费者创造满意的体验机会，不能让他们触摸到产品，体会到松下产品的高端性能。那么，产品再"高大上"，也是形同虚设，甚至放在市场上，就是"摆在柜台里的新鲜垃圾"而已。

于是，2015 年，松下以打造女性 O2O 体验馆的方式，在中国市场卷土重来，并于 6 月 11 日在上海环球金融中心开通了松下第一家中国 O2O 体验馆——"CLUXTA"（图5-6）。体验馆定于 6 月 11 日正式开馆，然而，在 6 月 10 日，馆外前来观摩的女性白领便达到了数百人。

图 5-6　CLUXTA 松下·智美体验空间（摘自：中关村在线）

根据《每日经济新闻》提供的信息，CLUXTA 体验店与松下在日本本土的线下体验店相似，都全方位引进了松下电器最新、最前沿的原装进口产品，并且以试用的方式向中国消费者逐一展示，感兴趣者可以尽情体验。

在松下体验店负责人的设定中，CLUXTA 更多的功能是为用户提供纯粹的服务和体验，而不是销售。然而，不可否认的是，前所未有的畅快体验也确实为日薄西山的松下再次赢得了良好的口碑，从而间接地推动了松下产品在中国市场的复兴。

通过一系列的线下体验店，松下将技术与消费者体验紧密结合，从而成功打破了僵局，获得新生。开馆仅一月有余的上海体验店，便间接促成了上万件松下产品的线上成交量。

新的理念和技术之下，全新的产品设计带来了更多的人性化的操作体验，连带着移动互联网时代的竞争核心也开始流向用户体验的溢价。创业者如果不能坚持以人为本、以用户的需求为基础打造产品、服务和体验，而是像过去一样把注意力集中在竞争对手身上，一定会失败得很惨。

永远超出用户的预期

进入移动互联网时代以来，在狂热的资本和技术的推动下，全球范围内掀起了一波又一波的创业高潮。仅仅在北京的中关村创业大街，不足 300 米的一条街道上，聚集了近 4000 个创业团队，以及 2200 多个机构投资人，平均每天诞生 36 家公司，同时，也要消亡至少 30 家公司。

这些在体验经济的浪潮中孕育出的创业团队，几乎每一个都在标榜体验，但什么样的体验才是真正的体验呢？想用户之所想只是第一步，超出用户预期的体验，才能称为真正的体验。

就以吃饭来说，在普通的饭店吃一顿饭，可能在吃完之后，我们并不会有什么特别的感觉，仅仅局限于填饱了肚子，这时我们选择在这家餐厅填饱肚子，还是在那家餐厅填饱肚子在本质上是一样的。但是，在"海底捞"就大不一样。在别的餐厅你可能会讨厌等位，但在"海底捞"，因为等位时有免费的美甲、梳头发、擦鞋、洗眼镜等服务，相比于一般餐厅的等位，这些服务就超出了用户的体验，在同等条件下，用户自然更加乐意去"海底捞"吃饭。

奇虎 360 创始人周鸿祎认为，只有超出用户预期的服务，才算得上用户体验。他说："我们去饭店吃饭，然后付账走人，这个过程叫做体验吗？肯定不是，因为这是必需的环节，没有任何特殊化。体验必须是超出预期之外的，比如，去一家饭店是刷卡打折，去另一家饭店则是刷脸打折，长得越漂亮，打折越高，这才是体验。"

为此，他还以自己的两次亲身经历为例，解释了什么是"超出预期"。一次，周鸿祎去拉斯维加斯出差，在他退房离开酒店的时候，这家酒店的门童恭敬地递给他两瓶冰镇矿泉水，并且示意是免费送给他路上喝的。这个微小的细节让周鸿祎在很多年后仍然牢牢地铭记在心，后来几次前往拉斯维加斯，他所选择的都是那家酒店，从未换过。

按理说，客人完成付款，说明消费已经结束了，而这家酒店还为客人提供额外的免费酒水，从而超出用户的预期，这就是其取胜之道。同样的，在国内众多酒店中，周鸿祎也发现了一个喜欢打"服务牌"的企业，那就是汉庭。

汉庭是所有国内酒店中第一个为用户提供超预期服务的，在汉庭酒店，你会在每个房间中发现五种枕头（图5-7）。这五种枕头当然不是为五个人准备的，而是为了让顾客根据个人喜好，选择其中一款最有助于睡眠的一个，从而保证睡眠时的舒适度。可以说，任何一个第一次入住汉庭的人，都会因此而感到惊喜。也正是因为这种超预期的服务，多年来，汉庭始终保持着极高的用户口碑，其顾客的复住率也是国内同行业者中最高的。

鉴于这一认知，在周鸿祎看来，360当时以"毁三观"的免费政策从竞争激烈的杀毒市场中脱颖而出，之所以能够在其他杀毒软件纷纷执行免费之后仍然能够保持很强的竞争力，就是因为360能够给用户带来超过预期的体验感。

众所周知，在360杀毒软件之前，金山毒霸和瑞星杀毒软件是杀毒软件中独树一帜的明星，但是当时杀毒软件比较贵，并且操作很复杂。这时，初出茅庐的 360 软件创始人周鸿祎思考，怎样才能创造出一种超体验的杀毒软件呢？怎样才能让用户都安装上 360 的杀毒软件呢？

图 5-7　汉庭酒店的五款枕头

周鸿祎先是要求 360 研发团队研发简单好用的，人人都会用的杀毒软件，再使其操作达到极致简化，最后采取免费的策略吸引用户。结果一些"裸奔"的机主下载并安装了 360 之后，发现 360 软件不仅免费，而且比收费高昂的金山、瑞星更易于操作，用户之前可能期望有一款便宜的杀毒软件就可以了，但是 360 不仅便宜，而是免费；不仅免费，而且十分好用。就这样，360 的名气逐步扩大，并且最终颠覆了竞争对手。

然而，用户的预期是随着产品的成熟而逐渐水涨船高的，用户的预期并没有止步于此，360 所提供的超预期的体验也没有止步于此。

随后，360 进一步延伸产品线，让 360 的服务不仅"够管用"，而且只有用户想不到的，没有 360 不能为用户提供的，包括 360 浏览器、

360 手机卫士、360 云盘、360 随身 Wi-Fi 等，都是走的"超预期"路线。其中，最具代表性的是 360 开机小助手，当你为电脑开机时，小助手便会提醒你，你的电脑的开机速度击败了全国多少电脑，继而建议你继续保持，或是进行优化。

免费也好，互联网思维也罢，都只是工具，最终目的都是为了服务用户，解决用户的痛点，为用户提供绝佳的体验。谁能够将服务体验做得远远超过用户的预期，而不仅仅是及格或良好，那么谁就能够抓住用户的心，就能实现盈利。

当然，超出用户的预期并不是一件简单的事情，如果和竞争对手做同样的东西，或者只是对对手产品的简单模仿或者细微改动，不仅颠覆不了用户体验和用户痛点，而且这样的产品即使披上互联网的外衣也不可能产生超越用户预期的体验。

在超出用户的预期之前，首先要把握用户的预期，只有把握用户预期之后，才能为用户打造出超体验的感受。小米手机迅速聚集大量粉丝，背后应用的就是这一逻辑。

在小米手机研发时，合伙人建议雷军加大宣传力度，但却被雷军拒绝了，在他看来，在产品还未成熟的情况下做过多的宣传会让用户对未出世的产品产生过高的预期，即使产品达到了这个预期，用户也会觉得理所当然。相反，在产品成形之后，低调推出产品，让用户体验超出本来的预期，反而会获得良好的口碑。

于是，在创立小米科技时，雷军并没有像那些高调的创业公司那样迫不及待地宣传自己的产品和技术，而是默默地搞技术研发，并要求大家做好保密工作。

当研发团队将小米的第一款产品做出来之后，雷军并没有走大力宣传、打广告的老路，而是带领一些人在几个用户活跃度比较高的论坛里发了几张帖子，结果很多人觉得那款产品很强大，于是小米拥有了自己的第一批粉丝。仅仅是这款产品在论坛上的快速传播，就使得该产品红遍网络，甚至一个美国博客网站提名让雷军为其做年度产品。

为何一个产品能够得到如此大的反响呢？原因就在于用户事先并没有期待，或者说是期待很低，结果雷军的产品充分满足了其预期，结果这些"米粉"们很乐意将产品分享给身边的人，从而使小米的粉丝队伍不断壮大。

小米这种前期不声不响，后期远超用户预期的推广方法不仅节省了大规模市场营销的费用，还能使小米团队看到自己的产品的真正吸引力。正如雷军所说："在互联网上创业的公司，刚开始时重要的不是大规模的做市场营销，而是尽量了解、降低用户的预期，专心做好产品，让产品说话，这样才能赢得用户的口碑。"

然而，事实上，用户的预期是很难界定并且不断变化的，很难有一个统一的标准，用户想要这样，或者用户想要那样，在这种情况下，企业想要打造超出用户预期的体验，就只能不断地追求极致。

虽然"将用户体验做到极致"已经快成为互联网圈子里"老掉牙"的宣言，但却并不是所有人都能说到做到。极致的体验未必马上就关乎企业的输赢，但从长期的角度来看，是绝对有利于企业盈利的，因为，超预期的体验未必就是极致的，但是极致的体验却一定会给用户带来超预期的体验。

国人大多都有过生日吃蛋糕的习惯，因此，创业圈里看上烘焙这个市场的商家不在少数。不过，电商渠道、物流等切入点都已经被生日管家、甜派等先行者所占据了，想要在这一领域突围而出，就必须做出一些不一样的东西才行。

2013 年，在互联网领域摸爬滚打多年的吴滋峰发现烘焙行业拥有良好的毛利率和重复购买率，于是决定用自己的互联网思维去打造这个传统行业，做一款极致蛋糕。

为此，吴滋峰先是创办了烘焙 O2O 品牌-卡思客进行试水，随后才正式推出了同样走"线上销售＋中央厨房＋自建物流"模式的极致蛋糕。

顾名思义，所谓"极致蛋糕"就是将蛋糕产品做到了极致。包括"2 小时送货""信用购买""根据当月星座每月会推一个爆款"（图 5-8），以及极具风险的"货到付款"，都是吴滋峰为极致蛋糕的用户许诺的服务指标。

图 5-8　极致蛋糕的天蝎月爆款

对于做烘焙的 O2O 电商行业而言，这样的指标可以说是一个巨大的挑战。不过极致之下带来的市场效应却不可小觑。以星座蛋糕为例，目前，星座蛋糕的日订单量有 1500 份左右。即便价格比市场要低许多，其价位仍然能够达到 58 元至 100 元，收益仍然十分可观。

2013 年年底，极致蛋糕凭借着良好的口碑和巨大的市场潜力，得到了一笔高达百万美元的融资，就烘焙这个行业，以及当时 O2O 市场尚不成熟的商业背景而言，这样的融资已经是一个极具说服力的数字了。

不得不承认，用户对于体验的追求，从来都是没有最好，只有更好，因此，创业者只有用追求极致的精神，打造出超越用户预期的体验，才能让用户对你青睐有加。

标准化的同时注重个性化

无论是打造沉浸式体验也好，跨界式体验也罢，抑或深耕其他形式的体验，想要将用户体验做到极致，选择一个科学的、适合自身的模式只是第一步，如何做到基于模式、结合自身特点将体验做细致，才是广大创业者真正应该绞尽脑汁去解决的问题。

就像著名 O2O 创业品牌门客甜品创始人戚宇东所说："只有在细节与个性化上做到踏实落地，用户体验才能随着用户价值感的提升而升级。"真正的体验感不是讨论出来的，也不是名人传授而来的，而是蕴藏于产品和服务的具体的细节之中的，由创业者自己深耕细作地"做"出来的。

在强调用户体验的过程中，标准化常常会被视作一个重要的评价标准，现如今，已经建立起体验经济的企业，或是正在试图打造体验经济的企业，往往也都是走标准化路线。不得不说，从某些角度来说，产品及服务能否实现标准化，是一个企业体验质量高低的隐性标签。

以酒店行业来说，室内布置有统一的装修风格、服务人员有统一的着装，以及服务内容的标准化，都能够让企业的服务体验等级得到很大的提升，而且更加利于品牌形象的树立和传播。

麦当劳可以算得上是最有代表性的标准化企业了，在其全世界范围内的 3 万多家分店中，柜台的高度都是 92cm，壁柜全部离地，厨房用具也全部都是标准化的：煎肉有"贝壳式双面煎炉"，装薯条有"V型薯条铲"。

虽然麦当劳的第一盈利点并不是餐饮而是房地产，但是作为一个餐饮企业，口味和口感依旧是麦当劳所追求的要素。

为了保证食品的口感和美味，麦当劳规定了很多细节，比如，牛肉原料必须挑选精瘦肉，牛肉由 83% 的肩肉和 17% 的上等五花肉制成，绞碎后统一做成直径为 98.5mm、厚为 5.65mm、重为 47.32g 的肉饼；所有的面包都做成 17mm 厚，气孔直径控制在 5mm；与汉堡一起出售的可口可乐则统一规定温度保持在 4℃。因为这个状态下的牛肉、面包和可乐，才是最美味的。

不仅是食品要求标准化，各种操作规程和细节也有着统一的标准。例如，炸薯条所采用的"芝加哥式"炸法，先炸 3 分钟，出售之前再复炸 2 分钟，保证薯条更香脆，煎汉堡包时则有"必须翻动，切勿抛转"等规定。

无论是食品采购、产品制作、烤焙操作程序，还是炉温、烹调时间等，麦当劳对每个步骤都遵从严谨的高标准。为此，麦当劳花费了几十年的时间，摸索出了标准化执行的 66 个细节。例如，"面包不圆、切口不平不能要"；"奶浆供应商提供的奶浆在送货时，温度如果超过 4℃必须退货"；"每块牛肉饼从加工一开始就要经过 40 多道质量检查关，只要有一项不符合规定标准，就不能出售给顾客"等，虽然这些规定看似苛刻，但同时为麦当劳品牌创造了巨大的价值。

目前，国内也有不少采取这种标准化模式的餐饮企业，起源于上海、后被快乐蜂集团收购的永和大王就很具有代表性。虽然由于中餐的复杂多变等特性，不能达到像麦当劳这样的完全标准化，但是在服务、风格等方面都做到了标准化，产品的口味也比较统一。

虽然麦当劳和永和大王在市场上都取得了不错的成绩，但一味地标准化并不适合所有的客户，尤其是餐饮业，众口难调，有人爱吃精瘦肉，也有人爱吃带一点肥肉的，虽然4℃的可口可乐是最甜美的，但还是有人喜欢更凉爽的口感。

因此，相较于麦当劳，赛百味的崛起就更加容易理解了。虽然挑选原料的过程是按照一定的步骤进行的，但是顾客的三明治想要什么样的面包，想夹什么样的肉类，爱吃什么蔬菜，喜欢什么口味的酱全都由顾客自己来决定。

毫无疑问，标准化有其重要性，但将用户体验放在大的行业背景之下时，创业者就必须要注意努力做到个性化，唯有在个性化的前提下实现标准化，其用户体验才有特色，乃至达到极致。摄影平台"月亮盒子"就是一家因为坚持个性化体验而取得成功的公司（图5-9）。

图 5-9　月亮盒子——做您贴心的人物摄影专家

　　在摄影已经泛化为谁都可以从事的一门"艺术"时，在各种美图工具的帮助下，只要懂得一些简单的构图技巧，每个人都能拍出相对不错的照片。然而，想要拍出真正让人心动的好照片却并不简单，饱和度、色温、对比度、色彩层次，以及前期准备、摄影环境，乃至后期加工，任何一个环节都不能有丝毫马虎。所以，为了降低成本，包括嫁拍、约拍等摄影平台都采用标准化服务，而月亮盒子却出人意料地选择了个性化路线。

　　在月亮盒子拍摄照片，摄影师会根据用户的具体要求，以故事为主线，拍出用户心目中最理想的照片。比如，通过几张照片，体现出两个人从初识到热恋的过程，阐述出几个好兄弟的创业历程，阐释闺蜜们亲密无间的故事等。总之，每个人在月亮盒子都能找到属于自己的一份体验。

　　另外在摄影师方面，月亮盒子也坚持在标准化的基础上形成差异化，目前，月亮盒子平台上的摄影师价格分为 3000 元、6000 元、9000 元三个等级，具体又会根据摄影师的资历、服务能力，以及接单数量等有所不同。所以，用户完全可以根据个人需求，寻找不同等级的摄影师进行拍摄。

　　目前，入驻月亮盒子的摄影师大多为一些业内的知名的摄影师，其中便包括给陈奕迅等明星拍照合作的时尚摄影师张弘凯，以及与《ELLE》等时尚杂志合作的摄影师凌代军等，这些摄影师的加入，也使月亮盒子为用户提供个性化摄影有了强有力的保证。

　　日本的摄影史上的著名摄影奇才福原信三曾在《摄影道》中这样写道：摄影不应该是千篇一律的造型，而应该是一种个性美的绽放，每个人都应该通过相机与胶卷的结合，记录下最特别的自己。

　　其实，不仅仅是摄影，用户置身于任何一种消费场景之下，所期待得到的，都应该是一种基于同级别的，满足自身具体需要的"特殊"服务。而个性化的诉求也不仅仅是用户体验的要求，更是创业者在跨界的红海中让自己的产品和品牌脱颖而出的重要战术。

著名的哲学家莱布尼茨曾经说过："世界上没有两片叶子是完全相同的。"同样的，也没有完全相同的两个人。每一位消费者都有自己的诉求和预期，因此标准化只能让人觉得优质而不会让人觉得惊艳。

海尔集团 CEO 张瑞敏曾表示："传统企业必须要从过去的'打固定靶'向'打移动靶'乃至'打飞碟'的方向转变。"在传统经济时代，受到技术和观念的限制，每一位消费者拿到的产品都是一样的，享受的服务也是一样的，但碎片化、个性化的需求一直都存在着。互联网技术的普及和发展，只是让这种趋势得以集中爆发。

个性化的消费需求刺激了个性化的商业模式的发展，私人定制作为对个性化的最为极致的追求，随着以 90 后为代表的新兴消费群体的崛起，也越来越受到众人的追捧。

服装行业可以说是与个性化定制最为密切相关的行业。最初的服装都是量体裁衣的，裁缝根据测量出来的尺寸进行制作，不同的人有不同的做法，可以说每件衣服都是一件个性化的商品。

然而随着 20 世纪中叶出现的"成衣"概念，裁缝店慢慢地变成了工厂，服装逐渐开始了大批量、工业化的生产。私人定制则逐渐走向了高台，进入了奢侈品的行列，尤其是手工定制的西装，历来都被认为是身份的象征。

作为中国民族服装品牌的开拓者和先行者，红领时刻谨记以用户需求为核心，历时 11 年创造性地提出了 MTM（量身定制）服务，将量身定制服务和流程化生产结合在了一起，就像在"赛百味"买三明治一样，你的西装完全由你自己做主。

用户打开红领西装的"私人定制"网站，根据配图提示即可自行选择不同部位的面料和样式，甚至每条缝衣线的颜色，22 个尺寸足以满足任何身高和体重用户。在极大地满足了人们的个性化需求的同时，也避免了可能造成大量囤积的"尾货"产品的出现，在 O2O 时代完成了一次华丽的蜕变。

在红领的工厂里，生产流程高度标准化，生产的产品也是高度个性化的（图 5-10）。每个工人都在电脑前，流水线上的每个产品都带有储存了客人信息的电子磁卡，当产品到达某位工人面前时，刷卡就能够在屏幕上显示出用户对这件衣服的要求，工人再根据这些要求完成自己所负责的部分。红领的流水线上流动的不仅仅是一件件的产品，更是一位位极具个性化的用户。

图 5-10　红领集团"酷特智能"个性化车间（摘自：青岛新闻网）

这样一套个性化的生产流程，是在大数据的基础上实现的，而打造这套从客户端直接到生产端的"酷特智能"C2M 生产流程，红领花费了 11 年的时间。在过去的十多年时间中，红领积累了超过 200 万名顾客的个性化定制的版型数据，包括版型、款式、工艺和设计数据。

如果你是第一次在红领定制西装，会有人上门对关键数据进行测量，如果是回头客，那系统里已经记录好了你的数据了。系统在收到数据之后，会通过 CAD 打版系统进行打版。每一件西装建模打版的过程中，一个数据的变化会带动 9666 个数据同时变化，真正的牵一发而动全身。而整个定制的生产流程是由包括制版系统在内的 20 多个子系统组成的。

通过对数据的收集，红领集团掌握的不仅仅是顾客的体型数据，还包括了喜好、性格甚至是体型的变化等信息。用红领集团董事长张代理的话说："红领其实不是在做某个客人的某一件服装，而是客人终生的服装。"

因此，红领工厂成品衣架上的每一件衣服，无论面料、款式、型号，都能够与顾客的身体曲线完美贴合，平衡人体的缺陷。即使顾客不愿意在选择上花费太多的时间，红领的系统也能对数据做出整合，完成自动搭配。

在未来，红领还将会进一步开放访问权限，那时顾客通过网页和手机 App，就能够追踪自己的衣服进展到了哪一道工序，甚至是由哪位工人在制作。

目前，红领有西装上衣、衬衫、西裤三个定制化生产工厂，共有2800 位工人，每天能够完成 2000 ~ 2700 件定制西装的生产。在国外，一件定制西装的周期为 3 ~ 6 个月，而在红领只需要 7 天。

根据中投证券的数据显示，2014 年服装行业整体处于一个低迷的状态，然而红领集团的销售和利润同比增长均超过了 150%。在红领的车间内挂着的每一件西服，都是已经销售出去的产品，也就是说红领实现了服装行业梦寐以求的零库存状态。

凭借着私人定制模式，红领实现了标准化和个性化的完美融合，用11年的时间完成了一次传统服装企业的华丽转身。虽然创业者无法拥有红领十余年的积累，但只要能够让自己的服务和体验在细节完美的基础上变得个性化，让用户试了一次还想再试一次，那么品牌也就无须担心无法在竞争激烈的市场中实现盈利了。

当然，有一点创业者必须铭记，个性化不同于个人化，再完善的模式也不可能做到为每一个人都能提供完全符合其个性的生活体验。追求体验的极致是对的，但倘若在个性化上过分地追求极致，便会让企业陷入差异化的误区中，最终非但不能形成个性化体验的生态聚落，反而会让自身的品牌陷入"四不像"的境地，惨淡收场。

第 6 章

用内容营销引导流量

在这个情怀至上的年代，内容传播用最为直观的手法打动着消费者潜在的价值观和需求点，并且对品牌营销起着推波助澜的作用。

社会化营销正在颠覆传统

轰轰烈烈的"双十一"刚刚过去，一年一度的购物狂欢盛会让这个原本属于单身青年的"光棍节"，硬生生变成了互联网的购物节。2014 年时，最早发起"双十一"购物节的阿里巴巴，取得了"双十一"商标的注册权，将这一称号收入囊中。

明明是一个"看情侣秀恩爱"的日子，怎么就变成了"看土豪秀恩爱""看情侣炫富"的日子，还有数以亿计的消费者乐此不疲呢？这就是互联网的力量，这就是社会化营销的力量。

传统媒体时代，人们获取信息的方式往往都是电视、杂志、报纸，每天看到的新闻，往往都是前一天的"往事"，即使是轰动全国的大事件，也常常是若干小时之后才能够被广泛传播出去。企业利用这些渠道进行营销，也往往就是打个广告而已，收效甚微。

然而，随着互联网的逐渐发展，手机、平板电脑等移动终端上网越来越方便，各种社交媒体也如雨后春笋般地冒了出来。从最初的论坛 BBS，到如今的 SNS（社会性网络服务），相比那些高大上的传统媒体，消费者显然对于这种更贴近自身的社会化媒体更加关注。尤其是伴随着各种自媒体的逐渐发展壮大，社会化媒体营销正在一步步颠覆传统营销，成为时代的主流。

社会化媒体营销也称为社会化营销，是指与传统营销相区别的，利用互联网协作平台进行营销、公关和客服的一种方式，又称为社交媒体营销、大众弱关系营销等。

在网络营销中，社会化媒体的主要内容都是由用户自愿提供的，随着这些内容的制造者被众多网友所追捧，自媒体就开始了茁壮成长。而说到自媒体，当下最为风生水起的，要数罗胖子罗振宇了。

罗振宇在互联网上自称罗胖子，其主持的《罗辑思维》是互联网上很多人喜爱的知识性脱口秀，号称"有种、有料、有趣"的《罗辑思维》每期视频都有超过 100 万的点击量。目前，《罗辑思维》的活跃粉丝数量早已超过 100 万，按每个人通讯录 100 个好友的水平计算，100 多万微信活跃分子的社交链，足以覆盖上亿的潜在用户。这些活跃用户，从某种程度上而言，代表着未来的年轻人，因此，移动互联网给社会化营销提供了无与伦比的爆发式的力量。

《罗辑思维》在 2014 年 8 月推出会员付费制后入账 160 万元，到了 10 月，《罗辑思维》又尝试新的方法，他们先是给"罗粉们"派发罗利（罗辑思维的福利），更是在 10 月 8 日宣布发售同名刊物《罗辑思维》，3 天内预售超过 3000 本，位居当当、亚马逊、京东畅销书排行榜前列。

至于《罗辑思维》这个"史上最无理"的付费会员制，所派发的罗利，则是采用抽奖的形式，会员在"第一弹"活动当天通过微信后台提交自己的会员信息，前 10 名会员可以获得《罗辑思维》提供的"福利"一份。那么这个福利是什么呢？是乐视超级电视。200 元两年的会员换一台超级电视，怎么算都是物超所值的。

而就在这些会员们大肆转发分享的时候，背后最大的赢家其实是免费为《罗辑思维》提供了罗利的乐视，只用了 7 万元的价格，就向《罗辑思维》公众微信号的 75 万粉丝实现了一次推广，并且还将通过这 75 万人继续扩张影响力。

无论是《罗辑思维》的成功，还是乐视通过《罗辑思维》的会员活动为自己做推广，都是社会化媒体对传统媒体颠覆的体现。在新兴的社会化媒体面前，传统媒体的影响力已经逐渐式微。一个很典型的例子，58同城不惜一切代价在电视、电梯、地铁和公交上投放了大量的广告，但真正让"这是一个神奇的网站"红遍网络的，还是广大网友对于这句广告词的吐槽。

在社会化媒体崛起的移动互联网时代，中规中矩地进行营销已经难以获得消费者的青睐了。在UGC（用户原创内容）大行其道的现今，消费者更喜欢来自于民间，那些由"自己"产生的内容。

曾经红极一时的凡客体，可以说是社会化营销最为经典的案例了，无数的网友争相模仿，凡客体的自我介绍、贴吧个签比比皆是，几乎到了无人不知无人不晓的地步（图6-1）。而自从2011年以来，能与凡客体一争高下的，大概也就只有蓝翔的"挖掘机"了。

图6-1　凡客诚品的"凡客体"

网上有过这样一个段子："2000年当第一次公开恋情时，王菲31岁，谢霆锋20岁，王菲年龄是谢霆锋的1.55倍。转眼到了2014年，如今两人破镜重圆，王菲45岁，谢霆锋34岁，王菲的年龄是谢霆锋的1.32倍。现在问题来了：一，求两人年龄倍数与公历年的时间序列收敛函数。

二,这事给张柏芝、李亚鹏留下了不小的心理阴影,求阴影面积是多少?

三,如果用挖掘机填补阴影面积,那请问,挖掘机技术哪家强?"

类似的段子还有很多,人们会自发地在各种文案与段子后面加一句"挖掘机技术哪家强?"这时受众脑子里会不受控制地跳出一句:中国山东找蓝翔!

其实认真算起来,"挖掘机技术哪家强?中国山东找蓝翔!"这句广告词,很早就已经出现了。但是就像"杜甫很忙"和"元芳,你怎么看"一样,毫无预兆地被网友提及,然后迅速蹿红。

当年听着这段被各大卫视轮流播放的洗脑广告长大的90后,如今正是互联网内容传播的主力军,所以也就自然而然地被他们拿来调侃和再创作,一时间引起了全民恶搞。

虽然这并不是蓝翔策划的,但是蓝翔还是借此火了一把,尤其是蓝翔从来不畏惧"被黑",所有的调侃不仅照单全收,还会自己主动拿出来讲。所以当宣传ALS渐冻人症(肌肉萎缩性侧索硬化症)的冰桶挑战在网络上盛行的时候,蓝翔也选择用挖掘机完成了冰桶挑战,并点名@了北京大学和清华大学。

网友们用来调侃的段子也好,或是当下的热门事件也罢,所有的信息在互联网时代都凭借着光速在传播,互联网已经成为了企业和品牌营销的主战场。

互联网有几个特点:免费、方便快捷、各种形式的创新,以及对各种圈子都有极大的包容性,这就决定了,无论是基于PC端的传统互联网经济也好,还是基于智能手机的移动互联网经济,都具有很强的开放性,而开放性则是社会化营销最基本的存在前提。

在互联网时代,如果能够引发话题,就能够得到广泛的传播,像2014年迅速蹿红的软件脸萌,就是得益于专属自己的漫画头像在社交软件上的病毒式传播，在上线很短的时间内，就登上了 App Store 的榜首。看到那些和朋友颇为神似的头像，又怎么会不自己尝试一下呢？或者是朋友之间互相制作出对方的形象，有社交玩法参与在内，很容易就引起了众多用户的关注。

在朋友圈上火热传播的小游戏《围住神经猫》也是如此，成功围住神经猫之后，可以选择发送一条朋友圈消息来分享自己的成绩，而其他好友在看到这一成绩的时候，免不了要挑战一下，再秀出自己的成绩。

互联网的飞速发展已经将我们带入了社交网络时代，无论是国外的 Facebook、Twitter，还是国内的论坛、微博，内容性与互动性都极强，如果技巧得当，往往一个字、一句话、一幅图，随时随地都能够处在营销的状态，不仅比传统营销灵活轻便，而且更能起到十倍百倍的效果。

如今，企业想要凭借自己的力量去带动话题与营销已经很难了，就像很多娱乐圈的炒作一样，由于互联网的存在，事情很难完全像企业策划的那样去发展，所以，往往是有心栽花不如无心插柳。借助热门话题、与用户密切互动，才是移动互联网时代营销的基本准则。

随着互联网金融的不断升温，各家互联网企业纷纷推出自己的第三方支付工具，而早就推出了财付通的腾讯，也免不了要再凑一凑热闹。2014 年 1 月，腾讯凭借着社交流量和春节红包，为微信支付迅速积累了大量的人气。在红包上吃了个暗亏的支付宝，自然也是留有后手的。

都说"我的钱花到哪儿去了？"是世界五大最难回答的问题之一，而支付宝就对这个问题给了全体用户一个答案。

支付宝先是在 8 月份，先一步推出了微电影和各种网络文案，进行了预热，幽默搞笑生动的句子十分贴近广大用户的生活，如"给四五套房子交过水电费，没一套是自己的，无所谓！""看数字，都说你败家，打开账单，才知道你多持家，赞一个！"等。

随着文案和广告的关注度不断提升，支付宝在 2014 年 12 月 8 日，创建 10 周年的日子，推出了"支付宝十年对账单"活动（图 6-2），既是回顾支付宝创建 10 年的变化，也是总结用户在过去 10 年中在支付宝发生的交易行为。

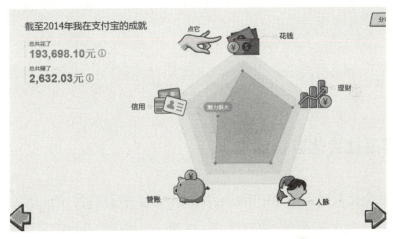

图 6-2　支付宝十年账单日记（摘自：光明网）

支付宝十年对账单分为全民对账单和个人对账单两种。全民账单通过对过去 10 年支付宝的使用情况，推算了移动支付给国民经济生活带来的变化，在感慨生活变化的同时，也"一不小心"了解到原来支付宝已经有这么多的功能和用户。不过，个人账单才是重中之重。

过去的 10 年中，你是什么时间开通了支付宝，什么时间完成了第一笔支付，这么多年来，通过支付宝你花了多少钱、赚了多少钱，支付宝十年账单通通一目了然地告诉你。在感慨这些年不知"剁"了多少次手之余，不少用户纷纷晒出自己的账单，引起了大规模的讨论。直到活动结束很久以后，还有很多人在网络上询问是否还能够查阅十年账单，其影响力可见一斑。

支付宝凭借着 10 年来的数据积累和分析，准确抓住了用户的心理，利用社交网络的快速传播，在网络上掀起了一次"查账单"的风潮，这是传统营销无论如何也做不到的。

随着社会化媒体逐渐成熟，消费者在社会化媒体上行为日趋理性，社会化媒体对品牌营销的作用正日益显现出来。运用社会化媒体进行品牌价值传播已成为品牌营销的有效途径。传统营销已经被颠覆，社会化媒体营销时代已经到来。

内容是社会化营销的魂

社会化营销主要是利用社会化媒体平台进行营销，然而社会化营销并不是企业开通一个官方微博，注册一个微信公众号就可以的。这些不过都是形式而已，内容才是社会化营销的灵魂所在。

通过创造优质、关联的内容来吸引用户，宣传产品和品牌，最终促成交易的营销方式，是社会化营销中常用的内容营销，微博、博客文章、电子书、视频等诸多形式都可以是内容的载体。

在传统媒体时代，企业想要做口碑营销，往往需要通过付费，运用媒体的力量制造话题，进行产品和服务营销，但是伴随着社会化媒体的逐渐成熟，内容营销已经变为了免费模式，只要有好的文案，只要有吸引人的内容，消费者会自发地成为品牌的传播者。而且，与传统媒体时代以品牌自身为中心引爆话题不同，社会化媒体平台上的内容营销，往往是在时下流行的热门内容上做文章。

2015 年 6 月 3 日凌晨，中国网球天后李娜在微博发文："姜山和我向可爱的娜离子们介绍我们的 Alisa，我们非常高兴而且爱她"，再配上一个小红脚印，正式宣布产下一女，虽然微博发布在凌晨，但却仍然得到了广大网友的真挚祝福，而各大品牌得知这一消息后，更是展开了一场营销大战。

李娜为小公主取名"Alisa"，东风雪铁龙充分挖掘了这一营销点，将其融入到了旗下爱丽舍车型当中，发文："娜些更爱家的理由爱（A）丽（LI）舍（SA）"并搭配了一张一家三口共同出行的美图，与李娜升级三口之家的幸福氛围可谓搭配得天衣无缝。

著名的奶瓶品牌雅士利也没有放过这次绝佳的话题营销机会，以一张"网球+奶粉罐"的美图，配文"娜样精彩，又一次大满'罐'YA!Alisa"，将天时（李娜产子）、地利（自身的母婴产品）、人和（网友关注）完美地结合在了一起。

另外，近年来致力于线上推广的国产家电品牌美的也投入其中，以李娜微博中的小脚印为背景，配文"Alisa，娜些年，最美的成就"，一下子将美的品牌嵌入到了情景之中，一方面赞美了李娜从世界冠军到退役产女，取得了一系列的成就，另一方面，也暗示了自身品牌"美的"同样成绩斐然，笑傲群雄。

在传统时代，即便是极富想象力的营销天才们，恐怕也未必能够想象到一个明星产子事件便能做出这么多的文章，否则，当年成龙大哥的私生女曝光，刘德华小女儿的问世，小S生二胎，乃至张艺谋"超生"，恐怕都会被各个品牌利用起来了。

事实上，在移动互联网时代，这种利用名人话题进行营销的事件绝非仅此一例，就在李娜产女的几天前，业界便已经进行了一次类似的营销大练兵。

2015 年 5 月 29 日，"范爷"恋情曝光，并在微博中 @李晨，秀出配文"我们"的合影，紧接着，快的打车、小米、美的空调、麦当劳、招商银行，甚至连杰士邦、冈本、高洁丝等品牌也都纷纷以"我们"为话题，发起了各有特色的营销宣传。

反应最快的是今年情人节刚刚完成联姻的快的打车和滴滴打车，二者分别秀出彼此的 App 应用合影，并同样含情脉脉的写道"我们"。

紧接着，小米总裁雷军便在微博中发布了小米 4 手机白色外壳版和黑色外壳版的合影，并附文称：大黑牛（李晨）白富美（范冰冰），有"李"有"范"。

三大避孕套品牌杜蕾斯、冈本、杰士邦则分别留言"你们！！！！！冰冰有李！！""精诚所至，[金石]为开"，以及"爷就是这么牛"等。各种典故，有兴趣的看官可以"百度一下"。

而在这次"话题"营销中，做得最好的要属卫生巾品牌高洁丝，高洁丝的一句"冰临晨下，我是不是要撤军了？"简直赚足了看客们的眼球，也让许多人一下子便记住了这一品牌（图6-3）。

据相关数据公司调查发现，5月29日之后，高洁丝的名牌知名度提升了7.65%，而这种程度上的知名度提升，足以让其产品销量提升1%～1.5%。

从以上两大营销事件中，不难看出，内容营销俨然已经成为了当下社会化营销不可或缺的重要部分，创业者及广大营销人员一旦发现并抓住了某一内容，便有机会借助这一"内容"将自己的产品迅速地烙印在用户的心中，为线上线下的流量导引及变现提供更多的可能。

内容对于社会化媒体营销来说，就像是爆品对于企业的重要性一样，有爆品，才有机会树立起品牌形象和知名度，同样有内容的营销才会被更广泛地传播，才会引起消费者的广泛讨论。

图 6-3　高洁丝的内容营销微博

通常情况下，内容的来源有两种，一种是"借景抒情"，另一种则是自我创造。冰晨恋和李娜产女显然都是属于"借景抒情"的范畴，借助已发生的热门事件进行口碑营销。

这种方式得益于内容本身的热度，也许能够得到不错的传播，也是多数企业喜欢的方式，但产品本身的光芒难免被内容本身所掩盖。因此，想要实现营销上的自我突破，最好的办法还是自己创造话题，掌握对话题控制的绝对优势。

当然，没有任何一个内容能够长久地火热下去，这一点毋庸置疑，对于 O2O 创业者和营销人员来说，最好的策略便是持续地制造内容，通过持续不断的内容来黏住用户。

以阿里巴巴为例，1999 年公司成立之际，阿里巴巴制造的话题是"让天下没有难做的生意"；2003 年到 2005 年与 eBay 易趣交锋期间，阿里巴巴制造的话题是"上淘宝免费开店"；2011 年"双十一"各路电商群雄逐鹿时，阿里巴巴又提出"溜达淘宝店，共渡单身节"；2014年公司频频收购为上市铺路时，阿里巴巴制造的话题是"我们收购不是为了钱，而是为了生态系统"。纵观阿里巴巴十余年的发展历程，可以说，其任何时代都有一个鲜明的话题作为吸引用户眼球的"爆炸"点，而随着时间的推移，相应的话题内容也在不断地变化之中。

那么，不管是借来的"话题"也好，自己制造的"话题"也罢，有了话题以后，又该如何落实具体的传播和引爆工作呢？事实上，想要做好一次话题营销，做好以下三个方面便足够了。

第一，做好内容的加工和匹配。话题内容的匹配主要是对借助外部"话题"进行营销的行为而言的，有些热门内容能够与产品直接建立起联系，如前文中提到的李娜之女 Alisa 与雪铁龙爱丽舍车型，一看便能够将二者联系到一起，而有些热门话题，则必须要经过一定的加工和转化才行。

2015 年 4 月 14 日，女教师顾少强的一封仅有 10 个字的辞职信在网络上引发了热评，"世界那么大，我想去看看"的宣言，也被网友们评价为"史上最具情怀的辞职信，没有之一"。

这一热门话题似乎很难做营销切入，然而，著名的婚恋平台世纪佳缘却凭借着巧妙的角度选取，成功地做好了一次内容营销。事实上，世纪佳缘的营销员只是在辞职信的后面加了一句"领导"批复——"同意，找个男朋友，不要自己走"。

顾少强的领导当然不可能是这么回复的，可是，这样的答案却能一下子便将网友带入到情景之中，让人迅速联想到世纪佳缘的业务。不得不说，这样的"神匹配"，绝对是珠联璧合（图 6-4）。

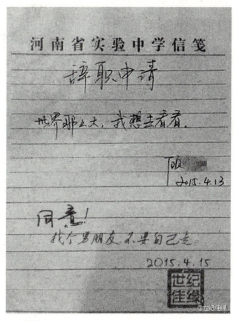

图6-4　世纪佳缘的话题匹配（摘自：@世纪佳缘的微博）

第二，做好多方面宣传工作。互联网时代，话题倍出。任何一个话题被抛出后，都必须有足够的媒体形式对其进行传播扩散，否则便可能很快石沉大海，失去效能。无论是以强关系为主导的微信也好，还是以弱关系为主导的微博和论坛也罢，如果没有其他媒体的辅助传播，便很可能中断在某一节点上，而各种媒体相辅相成，才能产生强大的传播势能。

第三，做好后续话题。一个话题抛出并得到多方的回应和传播后，持续的热度并不会太久。据百度热词榜等机构数据显示，一个热门话题的最高持续期为3个月，而事实上，99%的热门话题的生命周期只有不到7天。因此，为了防止话题很快淡出公众的视线，创业者和营销人员必须懂得时时进行后续话题的跟进，或是基于之前热门话题进行"回炉"加热，或是转移到其他话题之上，这样才能保证营销效果的持续性。

当然，无论内容的来源是什么，内容本身一定要有档次，一定不能无下限。例如，之前沸沸扬扬的"优衣库"事件，倘若这真的是优衣库自导自演的一种话题营销的话，那么无疑是落入了下乘。试想一下，如果你去了优衣库三里屯店，想到自己所在的试衣间里曾经发生过一些严重败坏社会风气的恶心事，你还会有欲望在这里试衣服吗？

创业者和营销工作者必须意识到，这种无下限的、恶化的"话题"宣传并非正经商业竞争所提倡的，也并非主流用户所能接受的。消费者在看待这种"话题"营销时，确实会对你的品牌印象深刻，但却都是些负面印象，还不如没有的好。

让故事来丰富产品内容

既然内容是社会化媒体营销的灵魂所在，那么什么样的内容才是好内容，才是消费者喜欢的内容呢？常言道：人非草木，孰能无情。想要让社会大众对产品和品牌有更深刻的印象，就要在内容营销当中融入感情元素。用故事，使产品和品牌的形象鲜活、丰满起来。

从心理学的角度讲，人都有一种自我实现感，没有人愿意听大道理，人们更喜欢听小故事。这与人的智商与地位无关，只是单纯的喜爱与厌恶。事实上，大多数成功的品牌，都是擅长把话题变成故事，而在故事中，它们能够更好地将品牌的历史、内涵、精神更好地向用户娓娓道来，在潜移默化中完成对产品的营销推广。

以小米为例，2012 年 5 月 18 日，小米发布了定价为 1499 元的简配版手机,即"小米青春版",限量15万台,主打校园学生群体。为了保证这一销售计划的顺利完成,小米营销团队提前一个月开始预热,在微博上推出了一个奇怪的话题:我们的150克青春,并同时发布了一个名为《我们的150克青春》的微电影,讲述了大学生活中最常见的情景和趣事,由小米的七位创始人倾情出演。

150克其实就是小米青春版手机的重量,通过讲述一个个关于"青春"的故事,小米一下子便吸引了人们的眼球,发动了一次成功的内容营销活动,而这次内容营销的最终战果是:"小米青春版"的宣传微博被累计转发了203万余次,为小米新增微博粉丝41万余人。试想,如果小米直接呼唤:我们的手机只有150克,又有多少网友会对这个明显缺乏对比度的数字产生兴趣呢?更不用说争抢着为其做口碑传播了。

其实不仅仅是小米青春版,雷军一直把小米说成是8个老男人的创业梦。在2014年小米年度发布会前一天,雷军还在微博发出了一张8个人的合影,并配上文字说:"意气风发,像不像大学毕业合影?"(图6-5)

图6-5 8个老男人的小米梦(摘自:@雷军的微博)

在小米年度发布会当天，雷军也回顾了小米4年来的发展，讲述了创始人团队中8个"老男人"的创业故事。通过这些有关梦想的故事，马上让这个团队同小米的目标客户群80、90后联系在了一起。

虽然现在很多创业企业都喜欢通过故事来包装自己，但是，用故事作为内容营销的手段，并非是互联网经济下的产物，而是由来已久。

说起世界十大巧克力品牌，也许德芙（Dove）不一定能榜上有名，但是却丝毫不影响德芙受到广大消费者的欢迎，原因就在于德芙品牌背后讲述了一个凄美的爱情故事。

1919年的春天，卢森堡王室的一个御厨莱昂和在王室地位低下的芭莎公主相遇并相爱了，但是碍于身份和处境的差异，两个人都选择将这份感情深埋心底。直到有一天，芭莎公主成为了与比利时王室联姻的人选，莱昂在听到消息之后，十分震惊。

之后，芭莎公主就在莱昂的视线里消失了，莱昂心急如焚，但也无计可施。直到一个月后，莱昂终于在餐桌前看到了憔悴的芭莎公主，终于无法压抑自己的感情，于是在为芭莎公主调制的那份冰淇淋上用热巧克力写下了四个英文字母"DOVE"，正是"Do you love me？"的缩写。

莱昂坚信芭莎公主能看懂他的心意，但天意弄人，芭莎公主并没有第一时间看到这几个字母，而是在发了很长时间的呆之后，才含泪吃下了莱昂为她调制的最后一份冰淇淋，这个时候，冰淇淋上的热巧克力已经完全融化面目全非了。

几天后，芭莎公主远嫁比利时，莱昂也在第二年前往美国，几经周折，娶妻生子。在妻子忍受不了他对于芭莎的思念而与他离婚之后，他带着儿子独自经营一家糖果店。偶然中，莱昂收到了一封来自卢森堡的信，得知芭莎公主曾经派人回国四处打听他的消息，希望能见到他，却被告知莱昂已经去了美国。

接到这封信，莱昂的心仿佛被重新点燃，于是历尽艰辛来到了比利时，看到了住在破败别墅中身体虚弱、面容憔悴的芭莎。这时莱昂才知道原来当初芭莎因为拒绝联姻而被看守了一个月，由于她无法知晓莱昂的心意，于是只能向命运妥协。而在临行前当作与莱昂告别的那次下午茶，也没能看到那些融化了的字母。

当年的误会全都解开了，但是莱昂却不能原谅自己的愚蠢和疏忽，于是莱昂决定制造出一种固体巧克力。经过一番钻研，香醇独特的德芙巧克力诞生了，"DOVE"四个字母也被牢牢地刻在了每一块巧克力上，以此来纪念莱昂与芭莎错过的爱情。

虽然这个故事并非确有其事，但因为这个故事的存在，德芙巧克力甜蜜而苦涩的背后就有了不同的意义，当情侣之间送出德芙巧克力的时候，就如同送出了一句轻问："Do you love me？"给德芙这个品牌注入了情怀与格调，变得更加有温度，更加贴近消费者。

许多国外的品牌，往往背后都有着一段令人百感交集的故事，或是确有其事，或是品牌的一种营销手段。Gabrielle Bonheur Chanel（加布里埃·香奈儿）谜一样的身世、坎坷的经历、对潮流的独特见解，以及大胆地对女性平等、解放的倡导影响了很多女性，也成为了Chanel（香奈儿）品牌引人迷恋的原因之一。而Tiffany（蒂凡尼）则是凭借奥黛·丽赫本出演的电影《蒂凡尼的早餐》，一举成为了女性心中精致、纯粹的生活理想和爱与美的象征（图6-6）。

不仅仅是国外的品牌，中国许多传统的老字号，也都有着自己独特的文化和故事，许多传统企业也一直注重故事所带来的影响，在过去很长一段时间里，以此成功的内容营销者不胜枚举。海尔当年将一个"砸冰箱"的话题变成了一个追求尽善尽美的故事，从而让人们相信了其产品的质量；褚橙将"褚时健出狱种橙子"的话题变成了一个老骥伏枥的故事，然后将原本籍籍无名的哀牢山冰糖橙卖到了全国各地；同样王石将一个"总裁爱登山"的话题变成了一个永不言败的故事，于是，为万科省下了 3 亿元的广告费。如此种种，都是故事营销所带来的巨大力量。

图 6-6 《蒂凡尼的早餐》剧照

鉴于故事营销所带来的强大势能，创业者想要做到由话题到故事的深度进化，就必须要做到以下几点：

首先，选择一个鲜明而充满正能量的主题。和写作文一样，营销的内容会不会"跑偏"与营销的主题有着密不可分的关系。在话题中融入梦想、励志，甚至爱情、文艺等元素，才能更符合当下年轻人的口味，让口碑传播的范围更广，影响更大。

以 New Balance 的新广告片《致匠心》为例，原本邀请大师李宗盛为这个来自大洋彼岸的运动鞋品牌做广告在众多消费者看来，也不过是一个有点噱头的话题而已，并不能赢得大众的深度关注，然而，New Balance 却将《致匠心》做成了李宗盛的独白，在其中融入了李宗盛个人对作品的情怀与坚守等感情元素，从而成功的抓住了人们对人、对匠人、对匠人精神的一种赞叹和珍视。New Balance 也因此创下了其广告收视率之最。

其次，坚持内容的个性化。随着各类企业对内容营销的关注度越来越高，每一个热门话题出现后，便会立刻带起一波强劲的营销热潮，而若想让自己的产品和品牌在热潮之中独占鳌头，企业就必须要在将自己融入内容的过程中，发掘出自身的与众不同的元素。

2015 年 4 月 14 日，总理在第一季度经济形势座谈会上的一句"流量费太贵了"，引发了无数网友由衷地夸赞，并且迅速在网络上传播开来，各大企业纷纷围绕"流量费太贵"这一话题展开营销，但千篇一律，无外乎都是"我们公司的软件更省流量"之类的，而天乐联线则以"总理教你怎么省流量"为切入点，充分结合了"欧朋流量宝"节省流量的功能，将自身特点结合热点逐一展现在了大众网友面前，从而受到了很多用户的欢迎。

最后，制造矛盾与冲突。什么内容传播更容易被传播，而且传播得更快更广？自然是具备争议性的内容。所以，借助故事营销，一定要尽量制造出争议性的话题，这样才能引起人们的讨论，让传播发生在潜移默化之间。

传统工业时代，奔驰公司便是个善于制造冲突话题的存在，直至如今，欧洲人提到梅赛德斯奔驰，往往还会想到其创始人"父随女姓"的争议故事。而当下，富有矛盾色彩的话题仍然是品牌在话题传播中的关键。

以 2014 年出品的贺岁大片《一步之遥》为例。这部由姜文执导，姜文、葛优、舒淇等明星领衔主演的电影，从上映的第一天起便充满着争议性。认为其好者，将其离奇的故事捧上了天，而认为其差者，则将其凌乱的剧情贬低为一坨"狗屎"，《一步之遥》真的有那么好，或是那么差吗？其实都没有，这种两极分化严重的观众评价，不过是《一步之遥》营销团队所进行的一种宣传罢了。正是这种争议性，才使处于话题旋涡中的故事更具期待价值。

总而言之，内容营销的最高境界，便是将感情、个性化、矛盾等种种元素融入到故事之中，打破时间与空间的限制，让话题无孔不入，让人们想讲就讲，让品牌传播在轻松的社交过程中水到渠成。谁做到了，谁便距离成功更近了一步。

以好内容引导大流量

有句话说得好：不能带来流量的内容，都不是好内容。无论企业创办的初衷是什么，是为了梦想还是为了自我实现，这些目的的背后，都必须要有盈利作为支撑，这不仅是对自己负责，更是对股东、员工和消费者负责。

同样，做内容是为了更好地将品牌传播出去，但是内容营销的目的并不是传播，而是通过内容的传播获得流量。有流量才能有成交，才能实现利益变现，也就是盈利。

说起内容营销，就不得不提起杜蕾斯。中国人骨子里一直都是羞于谈论性事的，但这样一个两性健康品牌，官方微博居然拥有近 150 万的粉丝。杜蕾斯通过自己的营销，将避孕套这样一个话题演绎得诙谐却不低俗，情趣却不恶趣，一直是很多企业学习和模仿的对象。

在 2015 年 3 月 13 日，也就是传说中的白色情人节前一天，杜蕾斯在天猫首发新款的 AiR 安全套，并为这款新产品打造了一个新品预告片。但是与普通的预告片不同的是，这个预告片长达 3 个小时，并且采取了在弹幕视频分享网站 Bilibili 上直播的形式（图6-7）。

图 6-7　杜蕾斯视频直播（摘自：@ 小野妹子学吐槽的微博）

当天晚上 6：30，杜蕾斯在 Bilibili 上建立了视频直播间，直播的内容很简单，就是一台标有杜蕾斯 AiR 标志的售货机和一对一直等待产品发售的情侣，直到三小时的倒计时结束之后，这两个人买到了新产品离开了，屏幕上给出了该产品的天猫购买地址。

直播的内容虽然简单，但是不到最后，杜蕾斯开设这个直播到底寓意为何，却并不是一目了然的。

这种无厘头的举动引来了 B 站上很多网友的组团围观，而既然在以弹幕分享起家的 B 站上围观，自然也少不了要发几条弹幕讨论一二。同时，在微博上杜蕾斯官方微博也进行了宣传，知名博主 @ 小野妹子学吐槽也发了微博："杜蕾斯在 B 站上开了个直播，点开发现只有两个人傻站着等，一群无聊群众在围观，这到底什么鬼。"下面配了几张弹幕的截图，并随文附上了视频链接。

微博上，杜蕾斯官微的宣传微博得到了 5500 余次转发的成绩，小野妹子学吐槽的微博也有近 300 次的转发量。而在 B 站上，直播的在线观看人数峰值超过了 6500 人次，弹幕 2 万余条，而直播过后弹幕视频的播放量也达到了 47 万，获得了 B 站全站排名第五的好成绩。

杜蕾斯此次选择的平台 Bilibili，最大的特点就是对于视频的实时评论功能，B 站的用户对于自创内容的参与度和互动率都很高，而且杜蕾斯直播视频的"弹幕即内容"，也很好地迎合了 B 站二次元文化圈当中的"无聊文化"，带动了用户的广泛参与。

B 站的受众未必是杜蕾斯的主力消费群体，但是通过这些 B 站用户的传播，必然会吸引到那些主力消费群体。根据天猫商城杜蕾斯官方店面数据显示，在产品开售，也就是视频直播完的 2 个小时内，AiR 的销量就超过了 500 盒，在开始销售后的前 5 分钟内，平均每 4.5 秒就会售出一盒。

杜蕾斯通过与平台十分契合的内容投放，在互联网上引起了规模不小的讨论和转发，并最终为新品的首发引来了可观的流量。而如果仅仅只是公布一个预告片，或者与往常一样做一些精巧的营销文案，一定不会起到这样的引流效果。

严格来说，杜蕾斯在 B 站上进行的这次宣传，与其说是内容营销，不如说是内容的创造，而这些观看直播视频并发送弹幕的用户所创造出来的内容，才是真正吸引流量的部分。

流量作为一个热门词汇，从互联网刚刚面世时就已经出现了，最开始发展的门户网站需要流量、客户端也需要流量，移动互联网产品更需要流量。当下，流量成为衡量一家企业用户标准量和其产品受关注程度的标准之一，也是众多互联网企业格外重视的问题。

一家企业即使拥有优秀的产品和模式，假如没有流量，它就没有知名度也无法传播，在信息传递如此快速的今天，这种劣势对于企业的打击和影响无疑是致命的，因此，传统营销也好，社会化媒体营销也罢，企业营销的最终目标都在于用内容带来流量。

作为一个在世界范围内都广受欢迎的社交网络平台，Facebook 在为其他企业产品等引流的同时，自己也必须保证能够源源不断地吸引并留住大量的用户。而根据 2015 年 4 月公布的 Facebook "第一季度财报"显示，Facebook 的用户数量已经突破了 14 亿，甚至比我国的人口总数还多。

从 0 用户到 14 亿，其创始人马克·扎克伯格做到这一切只用了 10 年时间。Facebook 的用户增长为何如此迅速呢？这得益于 Facebook 正确的流量管理方式。

首先，在获取新用户方面，Facebook 十分注重用户体验，在上线之初，总是不断地对网页进行测试与优化，坚持实时测验网站设置对吸引与留存用户的影响。由于 Facebook 成立之初正赶上手机在哈佛校园中普及，学生们也有了对手机号码通讯录的需求，于是，扎克伯格便借机将大量的学生资源吸纳到了平台上。

其次，在用户激活方面，有了最初的流量之后，如果企业无法拿出有效的激活措施，那么，这部分流量便会随着时间的推移而流失，无法实现利益变现，以及通过"二度人脉"达到扩张引流的目标。所以，Facebook 优化了首页，将原本复杂难用的页面设置得清爽而简洁，一下子勾起了注册用户的使用兴趣。另外，Facebook 还根据学生需求，开发了课程搭配功能，帮助学生探寻其他人的选课结果。另外，扎克伯格还组织了用真实姓名和头像注册账号，以及晒照片等活动，努力不让辛苦拉来的流量付诸东流。

再次，在留住用户方面，为了让用户始终留在 Facebook 的平台上，Facebook 会在新用户完成注册的过程中关注至少 10 个老用户，这样，即使新用户尚未熟悉 Facebook 的功能，或者一时三刻还没有添加好友，同样也能有精彩的内容可以看。这样，几乎不会浪费 Facebook 的任何资源，就极大地提升了用户的留存率。扎克伯格还要求工作人员充分发挥电子邮件的作用，每当用户又获得了一名新的粉丝，或是有简讯被转发、收藏，都能在第一时间收到邮件提醒，将那些疏远 Facebook 的用户重新拉到平台上来。

最后，在用户推荐方面，扎克伯格深知口碑传播的重要性，Facebook 初期的发展壮大，依靠的就是哈佛等名校学生好友之间的相互推荐。为了让用户能够更积极地帮助平台进行引流，Facebook 添加了许多好友之间的互动功能，从而让老用户自发地为 Facebook 做宣传推广。

可见，无论是互联网产品，还是利用互联网进行营销的传统产品，只要有好的内容，就能够引来流量，有流量才能实现最终的利益变现。因此，企业决策者和创业者都需要建立起一种流量思维，明确内容的本质是为了换取流量。套用这一节开篇的那句话：不能带来流量的内容，都不是好内容。

那么，如何才能打造出可以带来流量的好内容呢？

首先，产品和服务本身要拿得出手。不管内容营销做得多热闹，最终能够实现利益变现的手段还是成交，消费者不会因为你的文案做得经典，就做慈善给你捐款的。就算是真的带来了消费，也都是一锤子买卖，用户马上就会"粉转黑"。而且这种负面的口碑的传播速度，不会比你精彩绝伦的文案更慢。

罗永浩的锤子手机就一直高举着情怀的旗帜，在众多"锤粉"眼中，锤子手机已经被赋予了一种情怀，这种重要的情感附加值，甚至已经超过了产品本身。如果抛开这些情怀和故事，单从一部手机的角度来看，一部 3000 元的锤子手机似乎并不能让消费者满意。当然，"罗粉"除外。

其次，要具备娱乐思维，贴近用户。娱乐是所有营销活动最好的落脚点，尤其是身处互联网时代，思想新潮的年轻人是消费的主力军，大多数品牌都要讨好年轻人。

如今，90 后正在逐渐接过 80 后传递过来的接力棒，成为市场的主流。而作为特立独行的一代，"你若端着，我便无感"是 90 后的名言，哪一家品牌能够放下"身段"跟 90 后"娱乐"到一起，谁才能让这些新兴消费群体青睐有加。各大品牌的文案越来越多地使用贴近 90 后或甚至 00 后的语言，就是一个十分明显的转变。

星巴克往往会在咖啡杯上写上顾客的名字，一来防止拿错杯子，二来也加入了一些人文化的个性元素。然后就有人发现，写了名字是好事，但是怎么总把我的名字写错？而且还是这么好拼的名字。于是，抱着好玩、生气、郁闷的各种心态，这些被写错名字的消费者开始在社交网站上晒出他们的咖啡杯，星巴克也由此获得了免费的宣传。星巴克还推出了一个"自黑"视频，坦率地承认拼错名字就是为了让大家把杯子拍照发到社交网站上去。一时间，娱乐的性质就更浓了（图6-8）。

于是写错的名字被人们津津乐道，更有甚者还会因为好奇自己的名字会被写错成什么样子，而特意跑去买咖啡，这就为星巴克引来了大量的流量。至于那些百里挑一而被写对了的名字，自然更值得去网上晒一晒了。

图 6-8　各地星巴克写错名字的杯子（摘自：jiemian.com）

再次，要让内容与产品和品牌的形象相契合。不是每个人都有李玉刚的身段和嗓音，企业也有自己适合的定位和形象。如果不能选择合适的内容，就像非要给一个虎背熊腰的壮汉涂脂抹粉去唱贵妃醉酒一样，不吓跑观众才怪。

专注于厨房电器的老板牌，也曾经为了把80、90后拉回厨房煞费苦心，跟《男人装》合作拍过时尚大片，也拍过《有爱的饭》微电影，都收效甚微，最后还是乖乖地回到了最贴近产品，也是用户最关心的"大吸力"上做文章，才扭转乾坤。

最后，当然也是很重要的一点，在做好内容的同时，也要做好进一步流量转化的准备，或者像像杜蕾斯一样简单粗暴地贴出一个购买链接，或者是委婉地通过红包送出一些满减的优惠券等。总之，内容到流量转化的手段多种多样，千万不要让用户"剁手"无门。不然，故事讲得再好，也只能是怀才不遇，明珠蒙尘了。

预测内容营销的未来

严格意义上来说，内容营销与社会化营销是两个相互区别又彼此重叠的概念，前者更加强调内容，而后者更加强调平台，但是随着营销方式的不断创新和成熟，内容营销和社会化媒体营销的界限越来越模糊，虽未完全消失，但未来，内容营销与社会化媒体营销必将越来越紧密，互为表里已成定局。

如今，内容营销已经成了企业营销的神兵利器，各大社会化媒体平台也成了兵家必争之地。众多企业屡出奇招，内容营销也屡建奇功。而随着社会化媒体平台的不断成熟，我们也将会步入一个更加成熟的内容营销行业。

在未来，由于各大企业营销意识的觉醒，内容营销将呈现四大趋势：

趋势一：营销将以人为本。互联网时代就是一个以人为本的时代，企业已经从产品思维逐渐过渡到了用户思维，用户将成为主导产品、服务甚至品牌的主要力量。用户对于品牌有怎样的理解，将关系到内容营销的风格和具体内容。换句话说，你的内容营销所讲述的故事，不是你品牌的故事，而应该是用户的故事。

前面提到的 New Balance 的广告片《致匠心》，就更多的是在展现产品和品牌，获得观众的认同，但并不是站在用户的角度来讲故事。相比之下，可口可乐一直都是倡导人性关怀企业文化的佼佼者。

迪拜是个富庶的地方，但是有很多来自南亚的劳动力，拿着平均每天6美元的工资，给家里打电话却需要花费每分钟0.91美元，因此，这些外来务工的人，能够打电话回家，听听家人和孩子的声音成为一种奢望。2014年，迪拜可口可乐联合扬罗必凯广告公司，开发了一款可以用可口可乐瓶盖支付通话费用的电话亭，放置在工人生活的区域（图6-9）。在这些电话亭里，每一个可口可乐的瓶盖都能够免费使用3分钟的国际通话，相当于半天的工资。

图6-9　可口可乐幸福电话亭

可口可乐以此为主题，拍摄了广告和微电影，在YouTube上迅速成为热门，在微博上也得到了很高的关注，不少用户在看了视频之后表示："可口可乐的这部广告，让我愿意一辈子都不再喝百事。"

趋势二：营销将更有针对性，更加个性化。前文曾不止一次说起，随着时间的推进，90后甚至00后，已经开始逐渐成为了主流消费群体。这是伴随着互联网成长起来的一代人，个性和自我是这一代人的共同特征。因此，以这一代人为主导的消费者群体，更加关心的是营销的内容是否能够触及他们的兴趣点。

只有根据90后消费者个人的文化兴趣、消费水平及所处的社会地位等，制定有针对性的内容，才能够引发他们对于内容的传播，才能够进一步激起他们对于产品的购买欲，并进一步培养起品牌的忠诚度。另一方面，互联网上信息的饱和和重复，要求企业必须找出一条别具一格的道路，让自己和竞争对手有所区分，才能够在营销中脱颖而出。

可口可乐推出的昵称瓶，就很好地用内容迎合了消费者的个性化需求。在澳洲，可口可乐公司推出了150种印有不同名字的可乐瓶，吸引了很多消费者第一时间去购买印有自己名字的可乐。随后，可口可乐又推出了活动的第二阶段，通过与商场合作和在Facebook上征集等形式，为消费者定制可乐瓶，印上他们想印的内容。而在中国，碍于国人名字的特殊性，并不能像在澳洲一样推出印有名字的可乐，但还是将很多热门的网络用语印在了瓶子上，引起了年轻消费者的兴趣。

趋势三：视频将发挥更大的作用。随着互联网技术和通信技术的不断发展，视频的传播已经几乎与图片和文字的传播一样简单便利。在过去的几年中，互联网用户对于图像和视频内容的热情不断高涨，各大社交平台都开始采用视频的形式。而且随着"秒拍"等简易视频制作App的推出，用户生成内容也开始有了很多视频内容。

与传统内容相比，视频内容更有表现力，信息量也更丰富。视觉内容在讲述品牌故事的时候，更加形象生动，比静态文本要更加受到欢迎。因此，在未来，视频内容的重要性将会进一步得到提升，各大品牌必将会充分利用视频平台来创建内容，与用户保持互动。早在2011年年初时，中国台湾大众银行根据一个真实事例改编的微电影《人为什么活着》，也通过视频特殊的表现手法给观众带去了强大的震撼，十分催泪。

深谙营销之道的小米，在推出了《我们的150克青春》之后，又在2013年的"米粉节"上，为米粉献上了一部名为《100个梦想的赞助商》的微电影，为最早支持MIUI系统的100个"米粉"献礼。微电影讲述了一个赛车手在众多邻里乡亲的支持下实现梦想的故事。虽然故事的内容有些俗套，但是梦想和坚持的主题通过视频演绎出来，还是令"米粉"为之动容。

趋势四：从单打独斗到合作营销。几乎在所有的领域，合作都是取得双赢的最佳方式，尤其是当双方不存在竞争关系时，这种双赢就显得更加明显。因此，在未来，内容营销也将向着合作营销的方向发展，不同企业之间，以及同一企业不同品牌之间的合作营销将越来越受到人们的重视。合作营销往往能通过更少的费用获得更好的营销效果，甚至是实现单独营销所不能达到的目的。

前文提到的电影《蒂凡尼的早餐》，就是一次很成功的奢侈品与电影的跨界合作。而在社会化媒体平台出现后，内容营销合作的形式变得更加多样化。2013年，韩寒曾在微博上发了一张图片，他收到的礼品盒上印着"复杂的世界里，一个就够了"，既表示"一个橙子就够了"的意思，又是韩寒的电子杂志《一个》的宣传语，一箭双雕。

同时，随着各种视频网站和自制剧的火爆，很多企业也选择与视频网站的自制剧合作，2014年，小熊电器与优酷自制剧《泡芙小姐》联手，推出了《泡芙小姐与调味瓶》，并签下泡芙小姐作为小熊电器的虚拟代言人，还发布了"Mr.Big小熊电炖盅泡芙限量版"，不仅《泡芙小姐》的粉丝表示要购买该产品，不少小熊家电的老用户也对这部自制剧产生了兴趣。

其实，这四大趋势在很早之前就已经有迹可循，不少品牌正是凭借着对营销和市场的敏锐，才在品牌林立、竞争激烈的市场上占据了一席之地。好的品牌需要有好产品的支撑，却也离不开好的营销。2006年创建的小熊电器就凭借精准的定位和互联网时代创新性的营销思路，得以迅速发展。

凭借着电商起家的小熊电器，在传统家电企业纷纷转型电商之后，市场受到了很严重的挤压，为了提高品牌曝光率，2012年，小熊电器推出了"妙想生活"系列视频，用"妙想熊"的搞笑创意和生活中的各种常见小问题，带出小熊电器的功能，并带动了消费者的互动讨论。

在通过"妙想生活"系列视频结束了品牌"0"关注的尴尬局面之后，小熊电器趁热打铁，结合自身小家电的定位，推出《爱不停炖》系列微电影，用温馨细腻的情感描述，成功地培育了消费者的好感度，增加了品牌的知名度和美誉度。

"独在异乡为异客，每逢佳节倍思亲"，亲情与思念永远都是人们所关注的话题。尤其是以青年为代表的主要消费群体，多数处在离家读书，或者只身在一线城市打拼的状况，很多亲人团聚的佳节不能与家人一起渡过，思乡之情溢于言表。很多企业都在打亲情牌，但多数内容都并不走心，最常见的就是春节前后一大家人吃团圆饭或者拜年的广告，乏善可陈。而一旦有一两个走心的案例，就能引起广泛的关注。

因此，2012年中秋节前夕，小熊电器推出了一部片长10分钟的微电影，名为：《爱不停炖》。这部微电影讲述了一个父亲知道在外工作的女儿咳嗽以后，不怕路途遥远，旅途艰辛，千里迢迢来到女儿工作的城市，就是为了给女儿炖一锅雪梨汤的故事。

在发布这部微电影的微博中，小熊电器写道："多少人为了追求事业、梦想而背井离乡，多少年不曾回到熟悉的家乡，你是否还记得最后一次离家时父母的容颜？如果今年中秋节你还在犹豫回不回家，那么，看完这部微电影再决定吧！"瞬间勾起了很多人在家过中秋节的回忆。不少网友纷纷表示："今年一定要回家过中秋"。

之后，小熊电器又在同年光棍节前夕，发布了这个系列的第二部微电影《爱不停炖2》，讲述了一对情侣分手后，一碗熟悉的汤勾起了女孩所有美好回忆的故事，结合光棍节的时间节点，号召大家"11.11前，说出你的爱"，并发微博说："如果孤独是酸的，开心是甜的，难过是苦的，伤心是辣的……那么爱呢？如果你在2012.11.11来临之际还不知道怎么过，留出8分钟的时间，看完这个视频再决定吧！"末尾男主角的表白更是引得一众网友高呼："今年的11.11，我也要去表白。"

在看过这部微电影之后，有一位网友给小熊电器官微发去私信，希望借用道具策划一次求婚。小熊电器不仅为这位网友提供了道具，还全程跟拍，并根据网友的真实经历制作出了这个系列的第三部微电影《爱不停炖3》。

至此，小熊电器的《爱不停炖》系列微电影已经形成了一种专属的文化，得到了广大网友的一致好评。加上后来推出的《爱不停炖4：饭和爱情》《爱不停炖5：爱9在一起》，小熊电器通过这一系列微电影，将生活中细腻微妙的感情表达得淋漓尽致，也让家用小家电的品牌定位深入人心。

在最近的一部微电影《爱不停炖5：爱9在一起》，小熊电器除了借力大电影《我是证人》引来大批杨幂和鹿晗的粉丝前来围观，还利用独特的"双屏"观影方式，吸引了大批眼球。

电影分为男版和女版两个部分，需要两部手机同时扫码，并根据

男左女右的排列方式将手机并排放置，才能够看到完整的电影
（图6-10）。这种独特的互动观影方式，不仅在春天这种恋爱的季节
里给"单身狗"致命一击，也迎合了90后猎奇的心理。

图 6-10　小熊电器双屏微电影（摘自：亚洲品牌网）

小熊微电影拍摄的都是人与人之间最普通、最共同的感情，而不
是在讲"我的锅多省电""我的饭盒有多保温"，尤其是在后两部微
电影中，小熊的产品只是作为一个道具出现在了剧情中，合情合理，
不突兀。因此这样的内容就很容易引起消费者的共鸣。

同时，这种生活中常见的细腻感情，是永不过时的主题，尤其是
以中秋节为话题的第一部微电影，每年中秋节都会被网友们翻出来，
即使时隔两年的2014年中秋节，还在朋友圈引起了一次关于"中秋只
放一天假合适吗"的投票。

小熊电器凭借着一套完整的营销手段，牢牢抓住了消费者的心理，
结合自身的品牌定位，在众多老牌传统企业和新兴电商的夹击之下，
很好地生存了下来，并取得了不错的成绩。

　　当然，营销的手段也并不只有视频一种，创业者想要打造品牌的知名度和美誉度，让自己的产品贴近用户，就需要牢牢把握内容营销的发展趋势，在保证产品质量的同时，也要结合自身产品的优势和特征，打造出有质量的内容营销。

第 7 章

构建线上线下的商业闭环

当 O2O 大行其道时，企业闭环变得尤为重要。只有当线上的营销宣传、推广等引流工作与线下服务充分连接，才算初步完成了商业模式的闭环。

O2O 必将引领未来

移动互联网时代的来临，掀起的不仅仅是一场技术层面和信息层面的革新，更是一场商业领域的革命，对于整个时代内的创业者而言，移动互联的革命将会对所有产业产生冲击和挑战。

2010 年，伴随着团购网站的大规模兴起，O2O 模式开始在中国市场渐渐兴起。2013 年以后，国内 O2O 正式进入高速发展阶段，其扩张速度之快，令人瞠目结舌。

2012 年中国 O2O 市场整体规模仅为 986.8 亿元；2013 年，这一数字则变成了 4623 亿元；到 2014 年，仅本地生活 O2O 市场的规模便达到了 2350 亿元；如今，2015 年仅上半年市场规模就已经达到了 3049.4 亿元，O2O 有望在未来成为下一个亿万级市场。

2015 年 3 月 5 日，国务院总理李克强在"两会"上所做的政府工作报告中 8 次提到"互联网"3 个字，并且注重强调了"制定'互联网 +'行动计划""推动移动互联网、云计算、大数据、物联网等与现代制造业的结合""促进电子商务、工业互联网和互联网金融健康发展"等概念。这在向我们传达了政府高度鼓励用互联网思维改造传统企业的信号的同时，也从侧面印证了从线上到线下的 O2O 模式的巨大潜力。

关于 O2O 概念的问题，早已是老生常谈，但这里还是有必要再重申一下。所谓 O2O，即 Online To Offline，是指将线下的商务机会与互联网结合，让互联网成为线下交易的前台，通过线上线下的高效衔接，实现商业变现的一种全新模式（图7-1）。

图 7-1　O2O 模式示意图

今时今日，O2O 这个全新的商业模式正在像 10 年前的电子商务一样颠覆传统。而传统企业由线下走到线上，互联网由从线上走到线下，这种跨越式的战略纵深，实际上依托的便是一种跨界思维。

进入 2014 年下半年以来，持续升温的 O2O 终于在国内市场中爆发出了有史以来的最强火花，在各个产业领域，O2O 就如同雨后春笋般在全国各地兴起。饿了不想出去吃？没关系，叫餐 App 保证您想吃啥就有啥，而且配送到家；下雨天想要打车出行又担心雨中等车？小意思，打车 App 保证你出租车、专车随便选，而且随叫随到；周末懒得收拾房间想要找保洁？OK，只要安装一款家政 App，各种保洁员任你挑。

可以说，O2O 让人与人、人与服务之间的关系更加紧密地连接在了一起，这种基于懒人经济而崛起的划时代的商业模式，正在以一个令人咂舌的速度野蛮地生长着。

通常意义上讲，我们看待一个时代的商业风向，几乎都会以巨头的商业动态作为参考，如万达、SOHO 中国等巨头引领了中国房地产行业 30 年的跌宕起伏，微软和苹果引领了互联网时代的更新迭代。那么，在当下这个属于 O2O 的时代里，巨头们又做了些什么呢？

从 2013 年下半年开始，以 BAT 为首的中国互联网巨头们纷纷从不同领域切入 O2O 市场，开始跨越地域局限和行业局限的生态布局。

首先，作为三巨头中最年长，也是最擅长跨界作战的腾讯而言，其 O2O 最主要的方式便是"能买就买"。

从 2011 年与全球最大团购网站 Groupon 合作成立高朋网开始，腾讯的 O2O 跨界投资便从来没有停止过，而且，其投资金额也在逐年增加。仅以 O2O 出行产品滴滴打车为例，腾讯对其展开的两轮注资便高达 1.25 亿美元。整个 2014 年，腾讯在 O2O 领域的布局投资更是高达 25 亿美元，涉猎本地生活服务、打车应用、电商、物流、医疗等多个领域，而这些领域全都是腾讯此前从未涉足过的。

其次，作为 2014 年最炙手可热的互联网公司，阿里巴巴的 O2O 跨界布局比之"土豪"腾讯也是毫不逊色。从某种意义上讲，阿里虽然不是涉足 O2O 最早的一家，却是 O2O 布局链条最长的一家。

2014 年伊始，阿里巴巴组建了专门的 O2O 事业部，并且制定了"千军万马"和"四通八达"的 O2O 战略构想，先后投资了零售商 FiestDibs、佰程旅行网、银泰商业、华数媒体、优酷土豆、快的打车、票务网站酷飞在线、新加坡邮政、美团、恒大足球、高德导航、魔漫相机、陌陌等，其 O2O 跨界投资几乎涵盖了餐饮、电影、酒店、购物等全部商业领域，其跑马圈地的力度之大，可见一斑。

再次，作为 BAT 三大巨头中最为低调的百度在跨界探索 O2O 市场的过程中，依然坚持着一贯的沉稳作风，并不怎么造势，却俨然已经"势不可挡"。

过去 1 年多的时间里，百度先后投资了旅游 O2O 去哪儿、视频产品爱奇艺等 14 款用户数过亿的 O2O 产品，甚至与美国 O2O 公司 Uber 达成了战略投资与合作。其收购的糯米网更是实现了与腾讯支持的大众点评，以及阿里巴巴投资的美团等团购网站分庭抗礼的 O2O 平台，其"线上下单，线下消费"的服务模式，也被业界称之为"最典型的 Online To Offline 的商业模型"。

事实上，巨头扎堆涌入 O2O 市场只是 O2O 勃兴的现象之一，就在互联网企业蜂拥进军 O2O 创业，试图颠覆传统行业的同时，传统行业也在不甘示弱地逆向转型，同样进行着冲击互联网的跨界尝试。比如，房地产巨鳄万达开启万达电商，苏宁推出云商城，海尔携手阿里巴巴提升用户的电视端购物体验，等等。

近年来，随着 O2O 模式的日臻成熟，通过跨界抢滩的方式抢占 O2O 布局的先手，业已成为时下 O2O 商家最热衷的方法。越来越多的 O2O 创业者也已经逐渐认识到，在快速迭代的互联网经济之下，谁不懂得跨界，谁就等同于把大好的机会让给了别人，就像马云所说的，我们不跨界，别人就会跨界打过来，互联网时代的企业，不在跨界中重生，就在逆袭中消亡。

从本质上讲，O2O 本身就是一种颠覆，而在颠覆传统的同时，作为移动互联网时代的创业者则必须明确跨界思维在这场颠覆中的重要地位。一方面，跨界是为了御敌于"国门"之外，不把机会留给对手；另一方面，跨界则意味着更多机会和可能。

2015 年，一种全新的 O2O 模式的长租公寓悄然出现在了杭州。用户只需要注册成为驻客公寓的会员，便可在驻客公寓的官方网站查看热门房源，不仅能够看到每个房间的真实全境，还可以省去中介费，通过平台直接与房东达成租赁协议，省时、省力，更省钱，深受用户所喜爱。

此外，针对入住者多为追求时尚、愿意交友的85后和90后，驻客公寓还在自身的O2O模式中拉长了租房产业的链条，把目光延伸到了用户租房入住后的增值服务部分，即面对面的社交。

曾连续9年担任中国红娘网首席执行官的驻客公寓CEO罗仙林，在创立了跨界房屋租赁O2O公司驻客公寓后，他这样说道："以往的从业经历让我清楚地认识到，爱情也许可以在网络上产生，但必须落地，必须回归现实，社交也是如此。而长租公寓正是这样一个绝佳的社交场景。还有什么社交方式比敲开隔壁室友的门更实在？"

因此，罗仙林将驻客公寓的租后增值部分锁定为"婚恋"，希望用跨界思维打造出一个爱情公寓，实现租房行业与婚恋行业的跨界融合。

据调查显示，驻客公寓的房客中单身比例超过七成，异性合租比例更是高达90%以上，这些用户既想租房又想交友的需求，刚好成为了驻客公寓打造跨界式差异化服务的上上之选。而为了给单身租客创造更好的"恋爱"条件，驻客公寓还与千年舟家居达成了跨界合作，定制了各种系列的爱情系家具（图7-2）。

在驻客公寓的跨界模式被外界所普遍怀疑之际，CEO罗仙林曾坚定地说道："彼此在同一个屋檐下通过长期相处而产生的爱情要比网站相亲更真切，更接近本质，更容易回归最朴实的'柴米油盐酱醋茶，外加偶尔小浪漫'的真实爱情。把婚恋同爱情结合在公寓之中，我相信这会改变传统的长租模式，一定会成功。"

如今，不只企业的产品和服务在进一步加快O2O进程，营销也走上了线上线下相结合的道路。

图 7-2　驻客公寓与千年舟家居合作定制家居样板房（摘自：新华网）

母婴 O2O 领域的竞争历来都异常激烈，新兴母婴企业想要突出重围并不容易，然而，创立至今仅仅 3 年时间的辣妈帮却做到了。辣妈帮是一个女性必备的手机移动应用社交平台，它以孕期伴侣、辣妈帮、辣妈商城 3 个产品为基础，服务涵盖了女性"备孕—孕期—分娩—育儿"的所有重要时期，服务范围的全面性是辣妈帮从众多母婴 O2O 的竞争者中突围而出的重要原因，却并非制胜秘籍，真正帮助辣妈帮声名鹊起的，是其创始人金赞所坚持的跨界营销。

2015 年 4 月，由高圆圆、郑凯等当红演员领衔主演，备受影视爱好者和青春期男女所期待的爱情电影《咱们结婚吧》正式上线。只需认真地看上一眼，我们便不难发现，在这部爱情电影的海报上，赫然印着移动母婴社区 App 辣妈帮的 Logo。

《咱们结婚吧》是一部浪漫的爱情喜剧，很准确地反映了当下年轻人恨嫁、恐婚、逼婚、悔婚、离婚、复婚等婚恋状况，影片内容定位为时尚、正能量，受众则为 80、90 后群体，同样的内容定位和受众最终促成了辣妈帮与《咱们结婚吧》的牵手。

影片上线后，辣妈帮推出了相应的观影活动，组织妈妈代表们去电影院买票观影，并鼓励这些人进行影评，帮助电影进行二次传播，促进更多的妈妈去观影消费，借助于辣妈帮的势能，《咱们结婚吧》传播覆盖超过 570 万用户，各大社交平台总互动量达 17000 次，仅仅5 天时间，票房便突破 2 亿元。同时，辣妈帮也借助电影的走红，迅速地扩大着自身品牌的影响力，让更多的年轻群体了解了这一品牌，并且加入到品牌族群中来，成为辣妈帮的粉丝。

事实上，在辣妈帮与《咱们结婚吧》达成合作之前，老牌母婴产品销售商乐友孕婴童原本也曾有过类似的跨界营销计划，却因为领导层认为跨界营销并非公司擅长方向而胎死腹中。如今想来，乐友孕婴童的掌门人心中恐怕是苦辣酸甜，打翻了五味瓶吧。

伴随着移动互联网技术的快速发展和移动互联网的深度普及，O2O这一商业模式的浪潮势必会集百川而成江河，最终发展成一片汪洋。这些互联网企业和传统企业在 O2O 领域的跨界交互，或是交锋，或是合作，一方面体现出了 O2O 模式的常态化，另一方面则在提醒着广大创业者，O2O 必将引领未来的潮流，不懂跨界，不懂 O2O，就难以在未来的市场竞争中生存！

线上线下是个统一整体

综观整个互联网行业，从其出现至今，正是沿着一条"线上—连接—线下"的轨迹进化发展着，而这一轨迹的缩影，就是 O2O。作为新时代的宠儿，O2O 也受到越来越多企业的关注和追捧，传统企业和互联网企业都纷纷举起了 O2O 的大旗，创业者也仿佛打开了新世界的大门，开始用 O2O 讲故事、做文章。

那么，线上和线下究竟哪一个才是 O2O 的重头戏呢？还要从互联网的发展过程说起。

互联网发展经历了 3 个阶段：通信时代、电商时代，以及实体时代。

在通信时代，互联网颠覆了传统的数字化信息传播，从门户到社交，从音乐到视频，各种基础服务逐一跃然网上，互联网的从业者一边高举着免费的大旗跑马圈地，一边通过增值服务赚钱，以保证自己拥有持久的战斗力，但即便如此还是入不敷出，苟延残喘。

于是，人们的目光开始转移，既然线上赔本赚了吆喝，那就去找需要吆喝的人搭伙赚钱，自此线上的流量开始导向线下，互联网迎来了电商时代。传统零售业作为灵活性最强的传统行业，率先融入了互联网的浪潮之中。从促成交易到决策导向，把线下转移到线上，整个互联网行业开始了蓬勃发展。

随着零售业与互联网合体的成功，人们开始进一步从其他传统行业寻求商机。传统行业与互联网在线上的结合几乎被发挥到了极致，想要寻求其他的出路，就不得不把注意力从线上再转回到线下。

互联网作为一种工具，其发展离不开实体经济的支撑，在经过了纯线上阶段和线上线下相连接的阶段之后，移动互联网的普及将互联网的发展带入了第三个阶段——实体时代。这是一个互联网全面改造传统行业的阶段。用线上的思维和方法来经营线下传统行业的实体，行业还是那个行业，但模式已经悄悄地发生了变化。

在互联网的步步紧逼之下，传统行业已经触及了自身发展的天花板，如果不能自下而上地打破，就要接受来自互联网自上而下地改变，反观互联网行业，同样如此，线上线下的跨界合作已经成为了必然趋势。说到底，线上和线下哪一个都不是重头戏，而"O"和"O"中间的"2"才是实现跨界的不二法门。

借用网上的一个段子："用户O需要请保姆，上B网站去找，结果找到了家政公司C，C又找到了保姆o，于是用户O和保姆o达成交易。在这个过程中用户O可能花了20000元，而保姆o只收获了5000元，剩下的15000元，网站B拿走了10000元，家政公司C拿走了5000元。虽然用户O和保姆o都觉得不公平，但少了B和C做红娘，它们也走不到一起，所以就只能忍了。

"这个时候，一个叫H（互联网思维）的人看到了这个问题，它对用户O和保姆o说：'不行你们都到我这来吧，我给你们房租减半，水电全免。用户O你出10000元，保姆o你得8000元，剩下2000元归我，怎么样？'用户O和保姆o一看很划算呀，那就来吧。"于是，互联网思维引导下的O2O模式就这样诞生了。

所以，说到底，O2O的内涵就是一种连接，抛却冗余的层层中介，借助互联网、移动互联网这个平台，直接打通人与信息、人与商品及人与人之间的连接，使之成为一个统一的整体。

不少传统企业简单地认为，弄个官网、官博，搞一个电商平台，就是"互联网+"，就是"O2O"了，也有不少互联网企业，弄个线下的店面，就是O2O了，事实上，单纯地重线上或者重线下，都不是O2O，要将线上线下融会贯通，合二为一，打造成一个统一的整体，才是精髓所在。

说到O2O，很多创业者都是一窝蜂地跑去开发App，构建平台。然而，从本质上讲，O2O其实是一种思想，一种思维方式，是应用互联网工具为传统商业服务的方法。所以，如果不能做好O2O的推广，产品再好，没有使用者，想要成功也是不可能的。

长久以来，阿里巴巴都是国内互联网界的标杆企业，阿里的许多战略都被当下的互联网创业者奉为圭臬，然而，没有人永远都是对的，阿里巴巴也有用错战术的时候。

2013 年"双十一"之前，天猫在全国 27 个省、市、自治区 1133 个县做了一轮大规模的 O2O 推广，在各大百货卖场放置了超过 5 万个易拉宝，并且发放了超过 1 亿张总价值超过 10 亿元人民币的优惠券。

天猫以海报的形式告诉消费者：在商场中看上什么商品可以先不买，等到"双十一"，不仅在线上有同款出售，还可以享受半价优惠。与此同时，天猫还与银泰百货开了一个联合发布会，宣布在"双十一"，两家将再次联手，银泰百货所有商品在天猫可以买，也参加促销（图 7-3）。

图 7-3　2013 "双十一"银泰商城与天猫合作（摘自：赢商网）

结果，2013年"双十一"，天猫的总成交额达到了350亿元。同日，全国各大百货卖场则是门可罗雀，业绩惨不忍睹。到2014年"双十一"，天猫想要继续同线下百货合作，得到的却是一致的否定声。

原因很简单，在2013年的合作中，这些商店并没有实现引流的效果。诚然，借助"双十一"的宣传，各大卖场的很多产品都得到了一定程度的推广。然而，在消费者的认知中，购买这些商品上天猫将会更便宜，卖场因此而徒做嫁衣，白白做出了一次亏本让利。

因此，天猫这种进一步榨干购买力，使得线下一方无利可图的O2O做法，自然也就没有了吸引力。

天猫的"双十一"O2O推广成功了吗？就线下为线上引流来说，这种推广确实为网站带来了大量的流量和转化率，应该算是成功了。而就可持续发展而言，这种推广却难有成功可言。

与互联网营销相比，O2O的最大特点在于，它不仅仅是品牌和信息的传播，而是线下为线上引流与线上为线下引流的结合，并且通过这种双向的引流，完成最终销售，也就是所谓的形成闭环。

以家具建材见长的美乐乐公司就是一家率先打造"线下体验馆＋线上家装网"的O2O模式的企业（图7-4）。美乐乐之所以选择线上作为其装修根据地是因为利用移动互联网的资源，可以吸引到全国的流量，而线下的体验馆又可以为线上的业务提供体验服务，将美乐乐线上的流量转化为线下的交易量，实现商业的闭环。这些体验馆不仅仅是当地城市的实景餐厅，还可以作为小型仓库，从而缩短家具的运输距离。此外，美乐乐集团还打造了一个装修网，其中整合了多种家居和家装资讯，细化了整个家居生态链中的多个消费环节。

图 7-4　美乐乐装修网截图

在移动互联网时代，企业的发展趋势中必然会涉及线上与线下的业务，这并不是说线上业务的份额在未来一定比线下业务庞大，大多数产品的服务和体验依然在线下，因此只有完美匹配线上与线下业务，实现优势互补，才算是真正实现了商业闭环。

在整个 O2O 行业，率先意识到线上线下缺一不可的当属房产界，无论是线上优势积累多年的安居客、58 同城等，还是线下门店众多的链家地产、我爱我家这些落地的房屋中介，都在向自己原有的缺点进行着补强。在构建"Online To Offline"的生态系统的过程中，赶集网便总结了三点经验。

首先，把握线上优势，向线下进行战略性渗透。互联网公司精于线上资源收集、信息处理，以及互联网的多样化服务，因此，赶集网充分利用这一优势，在几年前刚刚拓展出租房业务开始，便将大用户量在极短的时间内完成了聚焦，并且为聚焦群体提供包括房源信息、需求者的位置、个性需求等内容在内的，具体的、丰富的信息内容，然后通过这些信息形成线下的多样化的延伸服务。

其次，实现由线下到线上的反哺。为了弥补自身线下资源不足的弊端，赶集网借鉴了 SOHO 中国、万科等地产租售企业的 O2O 模式，与链家地产等传统中介合作，利用合作者的线下优势反哺线上平台，推出了房屋租赁 O2O 形势变成一种颠覆性的模式。2015 年 4 月 14 日，赶集网还与房多多签署了战略合作协议，根据合作协议，房多多首先将自身平台的全部新房资源同步入驻赶集网房产频道，彼此完善线上与线下渠道资源。

最后，形成"Online 与 Offline"的双循环生态系统。赶集网联合创始人及首席执行官杨浩涌认为，房产 O2O 的线上与线下的结合只是第一步，是最基础的过程。所以，他说："房产 O2O 是一个交易、服务，以及社交的系统化过程，完成交易之后，用户还会需要各种多样化的服务，如租赁的用户可能还需要保洁和家政，用户的私家车还需要定期刷洗，等等。基于用户的这些需求，赶集网还推出了赶集易洗车等以用户需求为基础的附加式 O2O 服务。我们的目标是，通过 O2O 服务形成一个辐射整个社区的生态系统，让一切自由地连接起来。"

不得不说，O2O 的来临给整个商业都带来了翻天覆地的变化，衣食住行、吃喝玩乐，人们工作生活的方方面面都在被 O2O 所颠覆着。而对于这种变化，互联网企业也好，传统企业也罢，都不必太过骄傲，抑或紧张，正所谓"单丝不成线，独木不成林"，想要在 O2O 领域有所建树，单纯依靠线上或者线下显然是不行的。

线上线下的结合与整合，是 O2O 模式的最大特点，因此，无论是线上还是线下，都不是单向的。传统企业存在线上不足，但也有线下优势；互联网企业线上布局充分，但也存在线下的短板，所以，企业进行 O2O 运营，务必要注意结合线上线下的整体布局，打造相辅相成的 O2O 模式，只有如此，才能够获得平稳快速地发展，收获意想不到的效果。

实现线上线下的互动传播

在 2015 年政府工作报告中，国务院总理李克强首次提及 "把以互联网为载体、线上线下互动的新兴消费搞得红红火火"，这是中国政府总理第一次提及鼓励 O2O 线上线下互动消费。下半年，国务院办公厅又印发了《关于推进线上线下互动加快商贸流通创新发展型升级的意见》，意在部署推进线上线下互动。

线上线下互动已经开始渗透到我们的生活中。吃饭、看电影、做 SPA 等，很多生活服务都已经开始通过一种线上购买、线下服务的模式，成为人们生活的一部分。因此，互联网企业也好，传统企业也罢，线上线下缺一不可已成定局。

对于互联网企业而言，其实体根基薄弱，通常缺乏甚至根本没有实体店面，往往给人一种虚无缥缈之感。营销做得再到位，引来的流量再多，也无法从根本上打消消费者的疑虑。

事实上，在 O2O 运营的整个支撑体系中，"现场服务" 可谓是最重要的一项，辛辛苦苦聚集而来的用户能不能真正的留下来，根本要素就在于 O2O 企业能否为用户提供一种超越预期的线下服务和体验。

2012 年 8 月 28 日，由库巴网创始人王治全二次创业所建立的大朴网正式上线（图 7-5）。这家国内首家自主设计、多品类、多品牌运作、全网营销、线上线下同时推进的家纺家居用品公司，一经上线便主打 "安全、舒适、高质量、高性价比的贴身纺织品"，专攻

DAPU 和 dapubaby 两个品牌。

到目前为止，大朴除了官网之外，还在天猫、京东、亚马逊、1 号店、唯品会等国内主流 B2C 电商平台上开设了旗舰店，销售网络遍及全国。

上线后，大朴很快以独特的产品线策略、明确的产品定位，以及卓越的产品品质赢得了广大消费者的认可。然而王治全却发现，口碑效应确实帮助大朴网实现了一定的宣传效果，但更多的用户在没有亲身体验过大朴网产品的情况下，还是不能打定主意购买，这样，流量只是流量，无法实现向消费的转化，也就失去了意义。

所以，为了促进线上用户更强的购买率，王治全决定把虚拟的店铺搬到线下，以新的形态进入实体商业市场，让那些不确定大朴产品是否靠谱的用户亲身去体验和感受，继而再去决定是否购买。

2014 年 9 月 27 日，大朴网首家官方线下体验店在北京国瑞中心正式开业，这也是大朴在北京的第一家线下体验店；但与其他同类公司的体验店不同的是，大朴的体验店走的是"粉丝开店"模式。在满足粉丝所需要的实体店体验服务的同时，在运营成熟后，将店面转让给粉丝打理。

为了更好地实现为线上导流，大朴的线下体验店在装修上也充分地展现了"互联网化和数字化"的特色，店内布置有无线网络覆盖，店门口更是设置了电子互动屏，消费者可以在液晶屏上观看店中乃至全网平台陈列的商品信息，并实现信息录入，方便购买。

对大朴来说，开设实体店既是对于品牌形象的一次很好地宣传，同时也是解决粉丝体验需求的正确选择，不仅充分实现了搭建线下服务体系的初衷，更可以帮助公司在未来形成"提货点 + 体验店 + 形象店 + 实体店"的完整的 O2O 体系。无论是对自身而言，还是对整个行业而言，都具有很大的想象空间和极高的参考价值。

值得一提的是，大朴这种持续保持的线上扩张，并且不忘完善线下服务的商业理念，已经赢得了资本市场的普遍青睐，截止到 2015 年 4 月，大朴已经成功完成了 A 轮和 B 轮融资，与那些前景未明的 O2O 企业相比，公司的未来前景十分明确，发展动力也十分强劲，很可能成为中国家纺家居市场中的一匹黑马。

既然线下如此重要，那是不是传统企业就可以高枕无忧了呢？其实不然。传统企业在具备线下优势的同时，却在线上资源方面存在着很大的短板。只有成功地借助线上资源为线下带来流量，才能够真的高枕无忧。

近年来，随着 O2O 的越炒越火，优衣库也在所难免地走上了 O2O 之路，不过，优衣库关于线上营销的探索实际上从 2008 年便已经开始了。

作为一家由销售西服的小服装店起家的国际知名服装品牌，优衣库比任何企业都要清楚流量对于一个服装销售公司而言的巨大意义。所以，为了增强线上推广，为线下店面带来巨大流量，优衣库做了许多努力。

早在 2008 年，优衣库便率先在自己的官方博客上推出了 UNIQLOCK，这是一款将美女、音乐、舞蹈与优衣库主打服装结合起来的网络时钟，每隔 5 秒，时钟界面里就会出现一个身穿优衣库热销服装的美女，或是跳舞，或是静静伫立，赚足了眼球，让受众从讨厌广告到"爱上"看广告。截至 2014 年 3 月，优衣库这款 UNIQLOCK 共推出了 8 个版本，全球累计浏览量超过 2 亿次，下载量也接近 60 万次。

2009 年，优衣库又推出了日历产品"UNIQLO CALENDAR"（图

7-5)，点击日历左侧的风景，画面迅速就能够变成色块拼贴，每一个拼贴都是当季的服饰及配件。这款将季节景色、音乐与优衣库服装完美结合的产品，不仅可以向消费者充分展示优衣库服装的美感，还能通过博客页面进行播放，让人们及时了解优衣库当月售卖的新品。

图 7-5　UNIQLO CALENDAR 界面截图

2012 年，优衣库时钟"UNIQLO WAKE UP"以 App 的形式上线，仅仅 4 周时间，下载量就突破了 50 万次，下载国家和地区达到 196 个，范围远远超过了优衣库实体店铺所覆盖的区域。

事实证明，优衣库的 O2O 策略简单、直接，更加有效。如今，优衣库早已实现了"门店＋官网＋天猫旗舰店＋手机 App"的多渠道布局。其 App 在支持在线购物的同时，其线下店面查询、发放优惠券、线上下单线下取货等功能，则更多的是为了向线下门店引流，增加用户到店消费的频次和客单价。

优衣库现任董事长兼总经理柳井正曾对记者说："优衣库是一家极具创新意识的传统企业，我们的优势在于线下超过 1000 家的实体门店，用户只有被真正的引入到店中，才能促成更多的试穿，形成更强烈的购买意愿，实现最终消费。"

互联网企业有线上的资源，传统企业也有线下的优势，双方都需要通过实现线上线下的互动传播，才能够优势融合，使之变为企业自身的竞争力，并最终实现盈利。这是 O2O 的发展趋势，也是移动互联网时代经济发展的必然方向。

O2O 有两个内核，一是传统企业的互联网化，二是互联网企业的实体经济化。也就是说，"Online To Offline" 是一种双向的关系，既可以从线上到线下，又可以从线下到线上。更直白地讲，如果我们将 O2O 中间的那个 "To" 看成一座桥，那么，不可能只有人从东岸过桥去西岸，却没人从西岸走向东岸。

遗憾的是，很多互联网创业者并没有发现这一点，抑或已经发现，但却没有予以足够重视。在现有的 O2O 领域，线上与线下大多还处在割裂状态，线下的人深谙传统行业的发展状况，却不懂互联网；线上的人空有技术，却搞不定市场与运营。

如此一来，看似完美无瑕的 O2O 概念也就成了空谈和畅想，根本无法得以落实。就算有一些企业线上线下齐头并进，发展得都很不错，但如果线上与线下之间的发展相互割裂，不能实现有效地衔接与互动，就依然不可能实现效能的最大化。

每个行业和模式的形成与发展都需要经历一个渐进的过程，O2O 也是如此，而线上线下的协调与互补显然并非一朝一夕就能够顺利建成的，即使是一些传统企业的大佬和电子商务领域的佼佼者，在面临线上与线下的融通时，也显得步履维艰。

2015年1月，在万达集团的半年工作总结会上，王健林放出狠话，"要在一两年之内，让大家一提万达，就能联想到真正的O2O"。

在O2O大行其道的当下，这样的喊话足以称得上气势如虹，但相比之下，王健林的后一句话才是重点，"找到盈利模式，解决线上线下的衔接，将是万达电商未来三年的核心任务。"也就是说，即使国内最"土豪"的公司万达，其O2O模式也在探索之中。

不仅是万达，同为巨头的国美在2014年同样喊出了O2O口号。然而，整整1年时间过去了，脚踩线下门店，手持线上网店的国美仍然没有找到Online和Offline的完美契合点。对转型的过分谨慎，让国美除了保持比较稳健的业绩外，再无实质突破。

面对O2O这门全新开设的必修课，即使是"学霸"级的万达和国美，也仍然要小心翼翼，试探前行。莫非移动互联网时代的O2O真有这么玄？土豪如万达、巨头如国美都如此步履维艰，对于白手起家的创业者而言，岂不是毫无胜算？

其实不然。我们可以回归O2O最初的概念，即"线下的商务机会与互联网的结合"。之所以连巨头出马都很难撬动O2O的天平，是因为人们大多注意到了天平两端的机会与爆点，从而忽视了最不起眼，却最为至关重要的中间支点，即O2O中的"To"。

没有"To"这个连接点，用户再喜欢你的产品，也无法完成从线上连接到线下并买单的过程，O2O也就失去了执行的价值。列举国美和万达在O2O领域的困境，并不在于展示O2O的困难与繁杂，而是在提醒大家，同时拥有线上网站、App，线下实体商店等形式，并不意味着O2O模式已经走向了成功，无法促成Online与Offline的资源互动和相互引流，付出再大的努力也只能是徒劳无功。

线上真的那么重要吗？线下真的不重要吗？这两个问题，每一个
O2O创业者都应该仔细思索一番才行。

以高度的交互留住用户

线上线下的互动传播，是获取流量至关重要的一步，然而，企业
需要的不仅仅是流量来过，更是要将其牢牢锁住。企业要做的绝不是
雁过拔毛的生意，而是要让鸿雁来了，就不再飞走了。那么，如何才
能够将流量牢牢掌握在手中呢？答案就是：互动。

按照词典上的解释，所谓互动，"互"即交替、相互，"动"是
指使起作用或变化，使感情起变化。因此，简单来说，互动就是指一
种相互作用，促使彼此发生变化的过程。

从O2O的角度讲，商业互动就是通过各种活动，使得用户和企业
共同参与其中，并且相互影响，最终使得用户更加信赖企业的产品和
品牌，企业则更加依赖于用户，二者之间形成一种牢不可破的相互促
进的紧密关系。

按照双方性质的不同，品牌与消费者之间的交互往往可以分为三
种：单纯线上的交互，单纯线下的交互，以及线上线下之间的交互。

单纯的线下交互比较简单，往往是从发布会或是线下活动引流到
实体店铺，形成一个二次互动；单纯的线上交互，也局限于各大社会
化媒体平台之间的流量交互，关注了官方微博，也关注一下微信公众号，
或者百度贴吧，等等。这两种交互虽然各有优势，但是局限性也很明显，
不能将用户固有的线下或线上的习惯打破、贯通，因此也不能形成更

紧密的联系和更大的影响。

但是，无论是单纯的线上或线下的交互，还是线上线下之间的交互，都需要达到一定程度的高频次，才能吸引消费者，才能够锁住流量，才能够培养起用户的品牌忠诚度。

所谓的高频互动，是指持续不断地，或者间隔很短，持续性极强的互动方式。心理学研究发现，人的记忆空间是有限的，记住一些新内容，往往便会淡化一些以前的内容。所以，企业如果不想被竞争对手从客户的脑海中挤走，就必须持续地强化自己的存在感和非同一般的地位才行。

深谙粉丝经济之道的小米，之所以能够吸引这么多粉丝死心塌地地追随，除了产品本身的优势之外，与其频繁互动是离不开的。小米能够充分利用互动，把与粉丝之间的互动转化成营销场景。

每次新产品发布，除了线下的发布会会邀请粉丝到场参加外，还会在线上进行同步直播，观看直播并转发分享的用户，有机会获得限量礼品；小米还会定期在官方微博、贴吧、微信公众号等平台上发起话题讨论，参与并分享话题的用户，有参加抽奖的机会（图7-6）；此外，由小米策划、"米粉"自发在论坛组织的爆米花活动，每年都会在全国各地进行几十场。

线下的发布会、线上的社会化媒体平台，以及线上组织线下进行的爆米花活动，都保持了很高的频次，让小米的用户或是关注小米的消费者能够经常性地接收到小米的信息，有信息才有流量。

纵观小米的每一个销售神话的诞生，几乎都与一种互动活动绑定在一起，都是在不同的互动场景中实现的。首发抢购是一种互动，"米粉节"发放折扣福利是一种互动，酬谢老用户是一种互动，参与"双十一"特卖仍然是一种互动。

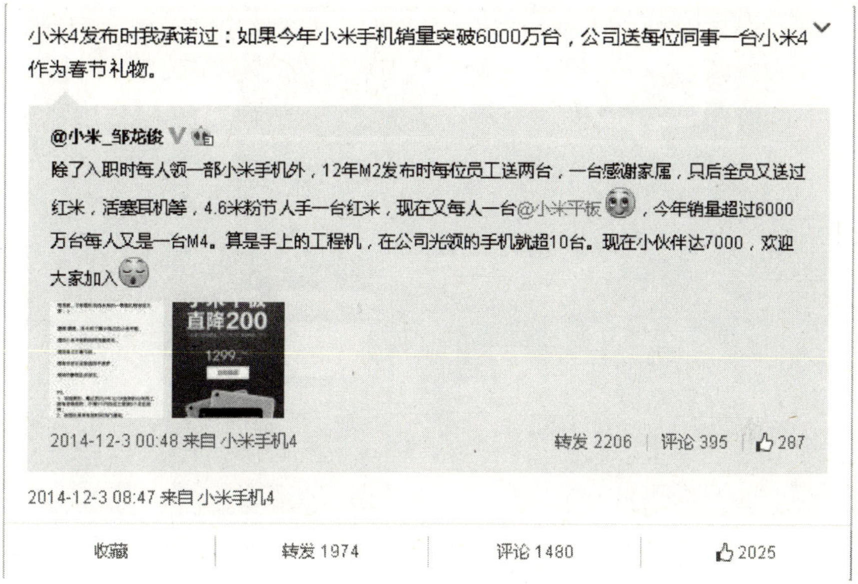

小米4发布时我承诺过：如果今年小米手机销量突破6000万台，公司送每位同事一台小米4
作为春节礼物。

@小米_邹龙俊 V

除了入职时每人领一部小米手机外，12年M2发布时每位员工送两台，一台感谢家属，只后全员又送过
红米，活塞耳机等，4.6米粉节人手一台红米，现在又每人一台@小米平板，今年销量超过6000
万台每人又是一台M4。算是手上的工程机，在公司光领的手机就超10台。现在小伙伴达7000，欢迎
大家加入

小米平板
直降200
1299

2014-12-3 00:48 来自 小米手机4   转发 2206 | 评论 395 | 👍 287

2014-12-3 08:47 来自 小米手机4

收藏   转发 1974   评论 1480   👍 2025

图 7-6　小米微博转抽送平板电脑活动

为了加强企业与用户之间的互动，很多 O2O 企业都在搭建平台，尤其是 BAT 等互联网巨头，纷纷以平台为桥梁，打通了自身与用户之间的"任督二脉"。这让许多传统企业的经营者和 O2O 创业者眼前一亮，争相涌入到打造平台的洪流之中，希望将自己的平台塑造成下一个淘宝、下一个京东，或是下一个微信。

然而，理想与现实之间总是存在着一定的差距。许多辛苦打造出来的 O2O 互动平台，其实根本无人问津。

以时下正火的 O2O 社区便利店为例，自 2014 年 5 月顺丰率先推出嘿客以来，包括圆通、韵达等传统物流企业也都开始积极布局自己的社区购物平台，希望通过打通"最后一公里"的方式赢得客户，将更多的潜在用户吸引到自身平台上来，可是效果微乎其微。

以嘿客为例，顺丰创立嘿客，本意是通过用户在该平台上的购物，配合顺丰的物流速运，使企业与用户之间形成亲密互动（图 7-7）。

图 7-7　顺丰嘿客门店（摘自：@ 卢涛 _ 的微博）

为了达到这一效果，顺丰除了在物流上倾尽全力外，还提供了一系列的 ATM、家电维修、洗衣、试衣间、团购预售等业务，用以完善嘿客的社区网购便民服务功能。可是，这些服务却并没有得到社区民众的认可。

有数据公司专门针对嘿客进行了数据分析，调查发现，67% 以上的用户认为，嘿客对售卖产品种类的选择毫无逻辑；73% 的用户认为，嘿客的购买过程对于社区中不善于使用网络购物的中老年客户而言太过复杂；另外，还有接近 70% 的人认为，或许是缺乏相关的零售经验，嘿客店中的服务员服务不过关。

基于以上不足，嘿客的运营效果始终都不理想。最终，3000 多家嘿客店在投入了大量成本的前提下，并没能成为顺丰 O2O 梦想的载体，坚持运营 1 年后，不得不与顺丰优选合并，更名"顺丰家"，从而勉强维系下去。

建立互动平台的 O2O 思维对不对？其实是对的。O2O 商业模式下，用户与企业之间必须有一个甚至多个平台来为二者之间的互动提供渠道和媒介。就像高度依赖微博和微信营销的小米也都有着自己的 MIUI 论坛。那么，类似于嘿客这样的互动平台的失败根源又在哪里呢？

原因有二，一是嘿客将原本十分简单的购物变得复杂化了。嘿客本身只是一个小平台，却努力想让自己变得和淘宝那样的大平台一样丰富，而用户原本只是想花费 30 秒的时间来买一罐薯片，却不得不花 3 分钟，这样的流程没有用户会喜欢，而且这种单方面的互动也根本无法称之为互动。

二是互动频率太低。对于 O2O 而言，能否实现线上线下的顺利推进，最重要的一个因素就是企业能否提供一个让用户愿意去互动的平台。顺丰能够凭借物流上门与用户达成初步互动，但这种层次的互动与之前已经存在的物流业务相比，并没有任何的提升与长进，只是多提供了几次快递员与客户交付快递的机会而已。

潘石屹曾说，对于品牌而言，社交网络最大的价值其实不是什么自媒体，更不是免费广告，而是帮助品牌第一次真正意义上实现了与当下消费者及潜在消费者零距离、零损耗、低成本的双向互动。其实，线上线下的 O2O 运营模式所要达到的目的同样如此。

就像被誉为 O2O 之父的阿历克斯·伦伯所说的："做 O2O，真正科学的商业逻辑应该先创造线上线下的必然联系，然后在将两者间的必要连接进行专业化升级"。

进入 2015 年以来，中国零售业销售额增幅相比于过去的 5 年进一步放缓，电子商务对实体商店造成冲击已经成为不争的事实。O2O 已经成为不可逆转的行业大势。不管是传统企业还是互联网企业都在寻找着 O2O 的破局之路，唯一的不同是，95% 以上的企业将自己摆在了

O2O 的架构之中，而不足 5% 的企业则聪明地做起了 O2O 的服务，这其中便有百度、腾讯这样的巨头企业。

2014 年 10 月，继腾讯公司推出微信公众账号，百度推出承担 O2O 重担的百度直达号后，奇虎 360 同样不甘落后，推出了移动生态体系新品"360 来店通"，并以此加入到了抢夺传统企业 O2O 市场的行列中。

据 360 相关负责人介绍，安装"360 来店通"后，商家与用户通话便可以实现用户的默认关注，从而通过信息服务推送，将用户导入到线下店铺，形成线上线下的自由切换，并且让商家和用户之间形成零距离地沟通和交互。

事实上，相比于微信公众号的复杂模板，以及百度直达号的"搜获 +@"，"360 来店通"从根本上回归了手机通话的本质功能，不需要培养用户的任何使用习惯，便能够建立用户与商家的强黏性联系。

另外，据 360 董事长周鸿祎介绍，360 在无线产品端有数亿用户，每天 360 手机卫士的通话量达 18 亿次以上，其中，商家通话为 2.4 亿次。用户通过"360 来店通"产品，再配合 360 手机卫士、360 手机浏览器、移动搜索 App 等无线端的多个渠道入口，便可以轻松快捷地找到来店的商家，包括商家介绍、地理位置、优惠活动等具体信息。

举个例子，就以当下最受欢迎的餐饮 O2O 品牌黄太吉为例，用户只需要给黄太吉打个订餐电话，360 便可自动关注黄太吉来店。随后，一旦黄太吉推出新品，顾客的 360 通讯录中便会收到相关的未读信息，打开信息后即可看到相应的店铺信息，并且可以一键拨通订餐电话，或者以 360 来店作为导航，到店面体验新品。

通过"360 来店通"，奇虎 360 可以在为企业客户提供流量资源和为个人用户提供市场资源的同时，顺势连接人和服务，帮助自身实现

O2O 领域的布局，从而与百度、腾讯、阿里巴巴等对手相抗衡。

对比顺丰嘿客的失败和"360 来店通"的成功，不难发现，想要实现与用户间的有效互动，O2O 创业者就必须做到高频率，够简洁，充分激发平台资源，做到既不浪费资源，又不冷落用户。

2014 年 11 月底，平安人寿依托移动互联网技术，推出全新的 App 客户端。该款 App 以风险管理为主线，环绕着健康、财富、保险合同等基础服务，搭建了一个全方位的与客户沟通的渠道。

这款 App 所创建的 360° 风险管理场景，直接将用户吸引到了平安人寿的互动场景之中，每一天都能够通过高价值含量的相关推动等内容吸引用户的眼球，并且通过评论及互动，下单及售后等方式，与客户实现高频互动，充分体现了平安人寿对客户互联网化服务的又一次升级。

为了保证这种高频互动的质量，平安人寿还规定，服务人员作为主推力量，必须充分利用上门拜访、接待客户，以及电话、微信等相关渠道，将这款功能强大的 App 推荐给平安用户，培养用户使用 App 办理简单的保全服务，一方面让客户体验到简单便捷的操作服务，另一方面也可以大大减少工作人员的工作劳动量，实现效率的提升。

平安人寿 App 上线 4 个月后，平安公司仅在该平台即实现销售保险理财产品破 500 亿元的优异成绩。截至 2015 年 8 月 20 日，平安人寿 App 注册用户已经突破 2000 万大关，日活跃用户达 100 万以上。

可以说，平安人寿 App 的成功，其关键在于它能够为用户提供一个简单便捷的与平安公司实现高频互动的平台，通过这一平台和平台上所举办的一系列互动活动，用户能够更加了解企业，对企业更放心，感到更亲切，从而才会更愿意信赖平安，与平安达成互惠合作。

马云曾说，任何一个消费者极致简单的背后，都有着一种非常复杂的商业逻辑。事实确实如此，经营企业必须要先有商业逻辑，依据逻辑构建试验情景，情景 OK 了，然后带入体验，形成互动，有了互动，产品才能有人买，有人帮你传播。

当然，O2O 的这种高频互动是不是代表一个新的时代到来，没有人可以断言。然而，可以肯定的是，当别人还没有将注意力集中在这里的时候，你去做了，而且认真地做了，那么你便没有道理不比他们更成功。

支付并不是商业链条的终点

著名的企业管理学教授沃伦·贝尼斯曾言，任何运营的本质都应该是形成一个有效的商业闭环。同样的，做 O2O 也必须要实现闭环。但用户进行支付完成交易之后，就真的实现了商业链条的闭环吗？

不管现在的 O2O 从业者愿不愿意承认，即便在 O2O 创业如火如荼的今天，很多人对 O2O 的认知仍然是错误的。比如，认为 O2O 就是简单的线上线下，什么搬上互联网都可以叫 O2O，移动支付的就是 O2O，甚至 O2O 就是做活动，等等。

在这些错误认知中，最离谱的便是认为 O2O 就是为了销售，或是完成了销售便完成了 O2O，这一类人在创业后往往会把 O2O 做成"O+O"，为了营销而营销，为了成交而成交，在线上线下大搞促销和爆款，忽略了最重要的客户体验和服务体系。最终只做一锤子买卖，无法实现再次购买。由于这种认知而导致创业失败的 O2O 企业并不在少数。

2011 年 6 月，专注于日租、短租房行业的 O2O 在线预订网站爱日租于北京正式成立（图 7-8），上线 1 个月后，爱日租便拿到了 200 万美元的天使投资，18 个月后便覆盖了全国 80 多个大中城市，拥有房源超过 8 万套。

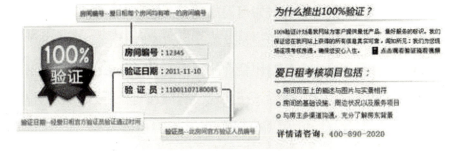

图 7-8   爱日租 100% 验证的宣传

显然，爱日租的巨大发展潜力是无可厚非的。可是，这样的发展速度也让其股东盲目自满，在尚未彻底控制市场的情况下，便开始追求最大的短期回报，最终导致了爱日租的覆灭。

2013 年 7 月，创办仅仅两年零一个月后，爱日租被迫宣布关闭，结束了辉煌而又短暂的生命。其投资者，德国 Rocket Internet 有限公司负责人给出的倒闭理由是：由于始终未能找到合理的盈利模式，爱日租不得不因资金链断裂而关闭。

实际上，作为对公司了解最深的爱日租三大联合创始人之一的张若愚则有着不同的看法。一次，在面对腾讯科技记者采访时，张若愚这样感叹说："爱日租是我和我的两个兄弟一手创办起来的，没有人比我们三个更了解它的失败根源。事实上，爱日租原本是可以不倒闭的，我们完全可以找到其持久的盈利模式，或者将其出售给其他巨头。可是，我们三个创始人话语权有限，股东们固执地认为爱日租已经无药可救，就像当初他们固执地只注重营销而忽略其他 O2O 环节一样，从爱日租只在意销量而不注重服务质量的那一刻起，我们的失败便已经注定了。"

正如张若愚所说，即便不出现资金链的问题，爱日租的失败也是必然，因为爱日租股东们在乎的仅仅是短期利益，只重视能不能实现即时的商业变现，根本没有在如何提高服务质量和体验质量上做深度思考。所以，在发现"房源质量参差不齐""游客对房屋使用不善"等问题后，爱日租根本无法给出合理的解决方案。也正因为股东们只关心营销，只关心业绩，所以，在发现盈利模式问题后，爱日租作出的改善并非是提升服务价值以赢得更多客户，而是裁掉 80% 的员工。试问，这样的处理方式又怎么能够获得成功呢？

从本质上讲，O2O 应该是一个从线上到线下再到线上，从活动到销售再到活动的完美闭环，如果只是通过初级的广告营销完成了一次商品购买，然后便没了下文，这不是真正的 O2O。只有循环往复的、线上线下、购买宣传，周而复始，才是真正的 O2O 商业模式。

与餐饮企业始于进店止于离店的服务不同，很多企业是通过卖产品向顾客提供一种服务。最典型的应该就是汽车行业了，在购买了一辆新的汽车之后，在这台车的使用年限期间，所有的保养、修理及零配件的添加和更换，都要到相应的 4S 店完成。手机行业也颇为类似，就以苹果手机来说，从充电插头，到数据线，到耳机，再到外壳等配饰，以及售后维修，苹果虽然看似只卖出了一部手机，但是消费者在购买手机之后，在使用中会不可避免地与苹果一而再，再而三地发生交易行为。

　　这种从吸引流量、留住流量、流量变现到吸引新流量或是再购买的循环，才是企业真正要实现的商业闭环。在支付之后，用户所获得的服务体验、产品体验、售后体验，都将影响着该顾客的二次购买，或是通过口碑传播对其他潜在用户产生影响。

　　很多网购的朋友都知道，在网上进行购物的时候，看卖家拍出的图片只是其中很小的一方面，最终能够影响购买决定的，其实是其他消费者对于这一产品的评价和反馈。同样的，团购领域千团大战的情况下，大众点评之所以能够杀出重围成为三足鼎立的其中一家，与其完善的评价机制也是分不开的。

　　同样，"美丽说"为了最大限度上吸引用户完成消费，实现流量变现，完成商业闭环，也在用户的口碑评价交流与分享方面煞费苦心（图 7-9）。

图 7-9　"美丽说"用户分享购物心得和搭配

腾讯在微信上增加了通往"美丽说"平台的入口，通过这个入口广大微信用户可以进入"美丽说"页面，为了实现与用户的交流，吸引用户主动消费，完成商业闭环，"美丽说"可谓费尽心血。

"美丽说"团队首先将聚光灯打到那些时尚爱好者身上，并且将微信圈打造成他们的舞台。在"美丽说"的创始人徐易容看来，即使不卖衣服，只要将善于发现美丽和时尚的人群聚合在一起，便能产生强大的力量。"美丽说"通过关注时尚人士的微信和群聊，建立起一个强大的时尚网络，然后再通过 C2B 模式来拉动用户的需求，用大数据分析出需求，最大限度地保持商家的零库存，这样就可以承接"美丽说"的柔性供应链。

为了打造时尚品牌从生产到销售成交的良性闭环生态，克服用户对企业和产品的不信任问题，帮助流量顺利变现，除了用微信连接潜在用户，吸引用户完成下单外，"美丽说"还在产品质量监控上下足了工夫。

首先，在"美丽说"平台上发布的商品都有确切的指标，乱七八糟的商品不允许进入平台；其次，商品的发布者必须在"美丽说"平台上有所承保。最重要的一点是，通过买家和卖家的群聊，"美丽说"可以让消费者充分地互动起来，以信任感促成交易。

互联网经济是建立在信任的基础上的，但是商家与用户似乎因为利益上的牵扯，很难自然地建立信任关系，而同样处于消费者阵营当中的其他用户，往往就很容易获得信任。所以企业为产品做再多的宣传，花再多的心思营销，可能都没有用户说一句"我用过，很不错"来得有效。因此，这些来自于用户的评价与内容分享，就成为了吸引新流量和带动再消费的重要动力。

随着移动互联网技术的发展，O2O 互动中的分享和体验正变得越来越重要，商家提出一种全新的购物方式后，从网上寻找消费者并不难，难的是如何将网上的流量带到现实的商店中，对线下的商品和服务形成购买。

这时候，O2O 创业者所要学习的对象便是"美丽说"这类擅长打造分享内容的企业，通过消费者之间的经验和体验的分享，提升用户的购买意识和购买欲望。这种认知一旦形成，便会进一步衍生出线上线下别无二致的购买力。

不只是 O2O 企业或是互联网企业需要重视分享的力量，在互联网经济时代，一锤子买卖的生意已经不好做了，只要产品的服务不够好，用户体验之后，就会很迅速地一传十，十传百。但同样，只要产品能够带来绝佳的服务体验，鼓励用户将这种体验宣传出去，那么就会为企业带来更多的流量，最终实现盈利。

被誉为"台湾的经营之神"的台塑集团董事长王永庆先生，创业初期卖过大米，他以优质的服务赢得了客户的信赖，也为日后的经营积累了丰厚的资本。

当时，每当客户买完大米后，王永庆会主动帮客户把大米抬到家。一些客户用米缸装米，王永庆会帮他们先把缸里的陈米倒出来，把米缸擦净，再把新米倒进去，把缸里原先的米撒在新米上面……

在服务的过程中，他会与客户拉家常，询问客户家中的人数，其中有几个成年人，几个孩子，并以数字的形式记录下来，由此推算缸里的大米够吃多长时间。当客户家里的大米快要吃完的时候，他会和客户主动联系，询问是否需要送些大米过去。

就这样，许多客户对王永庆的售后服务产生了依赖。在王永庆的服务下，客户无须担心何时需要买大米，因为他会用心记下来；客户的陈米不会出现发霉的情况，王永庆会事先叮嘱客户先食用之前剩下的大米。

渐渐地，老顾客纷纷介绍王永庆给自己的熟人和朋友，"王永庆卖的米好"的口碑就这样一传十，十传百，王永庆的米越来越供不应求。大量的忠诚客户让王永庆在激烈的竞争中不断前进，这样的服务品质让他受益一生，最终成就了台塑集团。

在王永庆创业的年代，他或许并不知道什么是营销、什么是售后，也不懂得如何提升自己服务和产品的知名度，但是依靠朴实的服务，王永庆任何营销都没有做，却在十里八乡赢得好口碑，这些口碑也为他日后建立台塑集团积累了市场基础。

在移动互联网时代，媒体的传播已经开始彻底的扁平化，无论是明星、网络红人还是微博大V，每一个具有影响力的用户都开始变成自媒体，不断地通过口耳相传的方式为企业的产品和品牌传递价值。普通用户的声音也更容易被广大的消费群体所听见，这时，企业就更应该对用户体验的分享加以重视。

当然，用户从来不会无缘无故地为自己社交链上的人宣传产品，形成产品口碑，除非这款产品确实拥有优秀的体验和服务，为自己的社交关系链上的人推荐残次品不仅不会为企业树立正面口碑，还会影响用户自身多年培养的社交关系，最终得不偿失。

因此，在移动互联网时代，企业在鼓励用户分享口碑的同时，也不能忘记提升自身产品和服务的质量，这样才能够形成良性循环，源源不断地为企业带来利润。

第 8 章

嵌入商业变现和盈利点

流量是互联网估值的重要依据，也是众多企业关注的重点，但再多的流量不能变现，也并不足以支撑起商业闭环。只有当企业找到了恰当的盈利点，让流量得以变现，商业闭环才足够彻底。

盈利才是最彻底的商业闭环

　　古人云："天下熙熙，皆为利来，天下攘攘，皆为利往。"人生在世，是为了实现自身的价值，一个企业也是如此，而企业的价值则更多地体现在盈利上。虽然不能争一时之长短，但从长远角度来看，如果企业不能够实现盈利，那么对于员工与社会而言，都将是一种负担。

　　因此，如何抓住痛点、如何打造产品、如何营造服务体验，以及如何营销、如何实现线上线下的互动联通，最终都是为了能够让企业实现盈利。可以说，只有盈利，才能实现最彻底的商业闭环。否则，流量再多、互动再好，企业无法实现利益变现，商业闭环也循环不起来。

　　作为BAT三巨头之一的腾讯一直都在积极地进行自身的O2O布局，尤其是围绕着微信，进行了一系列的产品延伸，2015年新推出的微信Wi-Fi连接入口，对众多微信平台上的商家来说是一个不错的消息，但是从腾讯自身的角度来说，不得不说极有可能成为其O2O布局的一步烂棋。

　　作为连接线上线下的入口，Wi-Fi确实是商家必争之地，腾讯希望通过为线下场景提供完整、便捷的Wi-Fi连接方案，并结合Wi-Fi进场服务能力及微信自身的开放生态平台，打通商户线上线下之间的通路，构成闭环，提高经营效率。

　　Wi-Fi作为网络的无线入口，除了能够对本店的产品进行营销之外，还能够根据接入的用户的消费行为、停留时间、行走路线等来进行更进一步的分析。这是免费 Wi-Fi 在 O2O 中所能起到的作用，也是腾讯推出"微信连 Wi-Fi"插件所要达到的目的。

虽然听起来确实十分有前景，但腾讯一直以产品见长，除了流量之外，在偏重服务的 O2O 领域本就不具有优势，加上腾讯线下团队的硬伤——只依赖于第三方，是很难完美解决的。更重要的是，微信Wi-Fi 没有盈利点。

2012 年，微信曾经推出过"微生活"项目，用户可以通过关注商家的微信公众号，成为该商家的会员，享受一定的折扣或代金券，然而这种为了一次性的优惠而关注公众号的行为，对商家而言并不存在什么价值。如今，用同样的思路来看，"微信连 Wi-Fi"也正面临着同样的困境。

与微生活会员卡一样，用户为了连接店内的 Wi-Fi 而关注商家的公众号，通常也是一次性的，尤其是第一次的体验尝试如果不能带来二次到店消费，那么所收集到的数据也就无规律可言，只能抓住一些表面现象。

目前，微信连 Wi-Fi 给商户提供的数据包括到客量、日访问量、新老用户等数据，在微信用户进入到开通"微信连 Wi-Fi"的店铺时，会自动提醒并查找 Wi-Fi。如果真的以大数据作为盈利点，这些数据的提供还远远不够。如果日后"微信连 Wi-Fi"成为了一个面向商户收费的项目，那么大商家完全可以自己开设 Wi-Fi 热点进行大数据的搜集，而至于小商户，大数据的吸引力就更小了。

不过，"微信连 Wi-Fi"才刚刚起步，未来腾讯是否会找到其他的流量变现模式也未可知。腾讯 O2O 的道路和"微信连 Wi-Fi"的发展还需拭目以待。

　　总体来说，腾讯在线上拥有绝对的流量优势，凭借QQ、微信等产品，不仅拥有巨大的用户数量，而且也有极高的用户黏性，结合微信二维码扫描、微信支付、腾讯地图、滴滴打车等工具，腾讯线上线下的商业闭环已经初具规模，只需要找到一个恰当的变现模式将这些串联起来，就能够形成一个彻底的商业闭环。

　　依靠表情和游戏联运，陌陌在2013年底就宣称已经可以自给自足，但为了后续上市做准备，陌陌还需要一个更有想象力的盈利模式。

　　与依靠社交软件起家的腾讯一样，陌陌自身拥有着大量的线上流量。为了能够更好地将这些线上流量变现，2014年9月，陌陌正式推出了"到店通"服务（图8-1）。

图8-1　陌陌"到店通"宣传海报

　　"到店通"是陌陌继增值服务、广告、游戏等商业模式后的又一次商业化尝试，是其为本地线下商家提供线上展示的广告平台。商家可以按照地理位置进行精准投放，并且和用户进行实时互动，开展新客源，维系老顾客，打通陌生人线下消费场景。

　　陌陌的用户主要集中在19～32岁，这个年龄段的用户不仅仅是互联网的生力军，更是主流消费群体。根据陌陌上市前的招股书显示，从 2014 年 7 月 "到店通" 开启测试开始，到 9 月 30 日，短短 2 个多月的时间，申请 "到店通" 的本地商户就已经超过了 11 万。

2014 年 10 月，陌陌还在 "附近的活动" 模块中推出了在线购票功能，只要是在 "附近的活动" 中搜索到的电影、戏剧、音乐会等演出活动，用户都可以在线购票。

除了推出 "到店通" 之外，陌陌也在不断地尝试和探索，先后与 58 同城、阿里巴巴等达成合作。陌陌本身就是基于 LBS 的社交应用，因此 "到店通" 的广告推广也更有针对性，在有 "到店通" 商户的区域，会优先显示 "到店通" 用户，如果某一区域恰巧没有商户申请 "到店通"，那么就会显示淘宝推广。同时，陌陌开通了 "同城服务" 板块作为 58 同城的入口，为广大用户提供本地生活服务信息。

通过与电商、本地生活服务平台及其他内容服务商达成合作，陌陌实现移动社交平台用户流量的变现，利用自身社交平台的属性，成为了商业连接的入口。让原本用来搜索 "附近的人" 的移动社交工具，变成了一个能够搜索 "附近的服务" 的具有连接属性的 O2O 商业平台。

通过线上流量的变现，陌陌不仅实现了从社交应用到 O2O 商业平台的转化，向 O2O 更近了一步，同时也实现了完整的商业闭环。

随着跨界融合程度的不断加深，商业模式也在不断地丰富发展，企业想要实现盈利，内容也会越来越丰富，除了通过流量获利，还有很多新奇有趣的模式。小米手机凭借高配低价的优势，在智能手机市场撕开了一个缺口，却不是单纯的赔本赚吆喝，只要去小米官网上浏览一下就会发现，各种配件，甚至是米兔周边，才是有利可图的产品。

魔漫相机作为阿里系资本投资的产品，也与电商沾亲带故，走上了一条电商化的盈利道路。

在魔漫相机刚刚火起来的时候，很多人都指出，没有盈利模式，就只能是叫好不叫座，昙花一现。任晓倩也尝试过付费表情模式，但碍于中国应用市场用户信任度低的原因，有些人认为中国的付费 App 会趁机盗取用户的信用卡信息，所以也没能得以实施。于是，任晓倩索性决定："做一个单纯的创造快乐的产品就好了"，能不收费就不收费。

为了能够更好地接触用户，2013 年魔漫相机开设了线下体验店，但是这线下体验店却意外地给魔漫相机指出了一条盈利的道路。

学习平面设计出身的任晓倩，第一份工作就是在一个给沃尔玛提供个性化礼品定制的公司做设计，这份工作的经历让她深刻地认识到个性化礼品定制的巨大市场。

因此，在魔漫相机开设的线下体验店中，除了能够在店内的平板电脑上制作出各种各样的图片之外，还可以将最终选定的魔漫图片印刷到 T 恤、笔记本电脑或是手机壳等物品上（图 8-2）。

图 8-2　魔漫相机制作的个性化手机壳（摘自：虎嗅网）

这些印有自己卡通头像的个性化礼品受到了市场的广泛好评，尤其是迎合了 90 后的个性化需求，不少公司还会到店内来定制年会礼品。

对于"二次元"的用户来说，这种周边产品并不陌生，一个普通的本子或者水杯可能也就 10 元的价格，但是当印上二次元的经典人物，被制作成周边产品时，价格就有可能翻 3 ~ 5 倍。魔漫是将三次元的照片变成二次元的漫画，再将漫画与个性化定制结合起来，走出了一条独特的盈利道路，也让魔漫相机在众多的 App 中生存了下来。

虽然这种个性化定制看起来满大街都是，图片制作的 App 也一抓一大把，但很少有人将这二者结合起来，也并不是所有的个性化定制都能像魔漫相机一样，通过 App 为照片的艺术形象赋予新的感官体验。这也是魔漫相机的用户可以接受较高的心理价位的原因之一。

魔漫相机目前已经风靡全球，在海外有将近 1.2 亿用户。在 3 月初举办的 Facebook F8 大会上，魔漫相机获得了年度最佳应用奖，也是唯一上榜的中国应用。

总结起来，魔漫相机的盈利模式就是："用高附加值的定制内容，向生活及文体用品行业输出个性化加工的能力，以此实现不会损伤用户体验的商业变现。"

当然，无论是创新的盈利模式也好，传统的盈利模式也罢，企业只需要找到适合自己的盈利模式就好。锁屏应用酷划，就通过与用户分享广告收益的方式，在短短一年的时间内，积累了 5000 万注册用户和 1000 万活跃用户，年收入达到了 1 亿元。

古人云："行百里者半九十。"能否实现盈利，就是企业百里商业闭环的最后十里路。创业者在创业的过程中务必要考虑清楚自身盈利点的所在。只有真正找到了适合自己并且行之有效的盈利模式，才是彻底地完成了商业闭环。

跨界盈利呈现多元化趋势

创业者也好，企业也罢，归根结底都是希望自身的企业能够实现盈利。而在跨界之后，企业的盈利模式将会变得更加多元化，尤其是传统企业跨界之后，企业与客户之间将由单一的产品售卖关系转化为社会化的互动关系。

首先总结一下传统企业的盈利模式，几乎所有的传统企业都会采用以下五种方式获得利润。

第一种是关系服务模式，也就是企业通过与自己的合作伙伴建立起长期、稳定的关系来为自己的企业获得利润的模式。传统企业中，关系服务模式严格遵循"二八"法则，即牢牢掌握 20% 的客户关系，就可以为企业带来 80% 的利润。

第二种是产业标准模式，也就是说当本行业还未制定出一个统一的标准时，那么企业就要尽量使自己的生产标准具有先进性和标杆性，这样会使企业占据优势地位。原因在于产业标准统一之后，行业内部的生产信息透明化，依靠垄断和信息不对称来获得高额利润已经不可能，企业要想脱颖而出就必须夺得标准制定者的头衔。

第三种是为客户解决方案模式，即针对客户的盲点和问题，针对性地为其提出解决方案和行动计划的盈利模式。

第四种为速度领先模式，也就是通过保持比竞争对手更快的速度对客户需求作出反应而保持的盈利模式，在传统行业中，创新速度高于行业平均水平的企业都依靠这种方式获得利润。

第五种是成本占优模式，即通过对产业价值链的整合，利用低成本的优势为客户提供价值的盈利模式。在传统的以农业和制造业为基础的传统工业时代，企业通过质量管理、精益生产、资源重整等手段在降低成本、提高利润率方面获得了重要成就。

综观传统企业的盈利模式，就会发现，企业无论采用何种盈利模式其最终的落脚点都集中在产品上，关系服务模式是以产品为纽带的，产业标准模式中的产业标准是针对产品的，为客户解决方案还在于解决产品问题，速度领先模式是产品的创新，成本占优模式是降低产品的生产成本，也就是说，在传统企业的盈利模式中，产品思维处于核心地位，企业正是依靠单一的产品来获得利润的。

反之，在互联网思维的影响下，跨界之后的企业除了产品之外，还衍生出了多种盈利点，这些盈利点使企业能够多渠道获利以赢得与传统企业或是互联网企业之间的竞争。

第一，以场景植入作为盈利点。随着互联网经济的深入发展，越来越多的互联网人开始领悟到场景的重要意义，越来越多的创业者开始意识到，想要在移动端影响用户，增强用户的黏性，就必须首先构建一个场景，培养出用户的消费习惯，让习惯成自然。

同样是出行类O2O企业，在滴滴、快的等众多打车软件还挣扎在沦陷与突围的困境中时，e代驾却已经成功地建立了自己的盈利模式，渐渐走上了正轨（图8-3）。据公开数据显示，截至目前，e代驾已经在北京、上海、深圳等全国近200个大中城市开通了代驾服务，拥有10万名代驾司机，高峰订单量超过12万。

图 8-3　e 代驾官网

自 2011 年成立以来，e 代驾的订单数量每年都保持着 400% 以上的增长，堪称业界奇迹。而 e 代驾的成功之道，便在于其独树一帜的"场景营销"。

e 代驾选择在用户需求实际发生阶段进行营销推广，精准对应酒后用户，将其顺理成章地引导到自己的产品服务上来。比如，某消费者驾车去饭店、KTV、大排档等应酬场所消费过后，很可能发生饮酒行为，而饮酒后是不能开车的。这时，受 e 代驾委托的服务员就会提醒消费者，可以为其联系安全可靠的代驾服务，而消费者出于安全的考虑，大多都会欣然接受。

e 代驾这种针对用户需求来提供服务推荐的营销方式，正是充分运用了场景的力量，一方面降低了产品推广的投入，另一方面则为订单生成提供了更大的可能性。

事实上，不只是醉酒，随着"互联网 +"的不断深入发展，人们生活中任何一个场景都有可能蕴藏着一个商机，创业者只要开发得当，都能够使其变成一个消费场景，如美国 Wag 公司为主人遛狗，叮当快药为病人急速送药等，都是针对用户某一生活场景的深度开发。可以说，场景化的背后，隐藏的是巨大的潜力市场和无尽的商业财富。

第二，以产品创新作为盈利点。根据传统商业时代的红海法则，企业一旦处于竞争激烈的红海市场之中，想要不被对手击败，唯一的方式便是坚持创新，以持续不断的进步来拉开与对手之间的差距，从而保持自身的独特性和优越性。这也是企业实现盈利的途径之一。

事实上，近三年来，随着互联网跨界的持续走红，不少行业的市场都已化为一片红海。放眼望去，餐饮、家政、出行等领域更是如火如荼。而想要在这一片红海中占据一席之地，就要从红海中开拓出一片蓝海，用独创的产品给企业带来利润。

在决心创建 O2O 社交应用"约你"的时候，王启享便知道，社交领域早已是一片红海，一览众山小的微信，日薄西山的陌陌，在试错中不断前行的米聊，随韩流而来的连我，玩转暧昧的微爱等，每一个都是不容小觑的对手。

然而，王启享最终还是义无反顾地投入到了 O2O 社交应用市场的创业大潮之中，一方面是因为他看好社交软件在未来商业中的巨大潜力，另一方面则是因为他有着自己的秘密武器。

王启享为"约你"提供的秘密武器就是"无网＋场景"（图 8-4）。对此，王启享解释说，"普通社交软件只注重场景，而'约你'则是在基础社交场景上进行深耕和升级，打造以'二度人脉'为基础，线上约会、线下消费的 O2O 场景式约会，从而解决女性用户在社交产品中面临的尴尬、骚扰、危险、体验不佳等问题。"

图 8-4   "约你"打造社交新方法

尽管如今 Wi-Fi、3G 甚至 4G 网络都已非常普及，但在地铁、飞机等无网环境下，漫长的等待仍然让人感到烦闷，基于这样的需求，"约你"所推出的"无网社交"可以在完全没有网络的情况下实现 80m 以内的搜索、聊天和分享图片，且可以用中继器来增加范围。如此一来，无疑是为喜欢社交的用户开辟了一种全新的社交体验。而且，"约你"还拥有自动记忆功能，会记录下无网络时擦肩而过的好友，在有网时继续交流。

凭借着"无网+场景"的创新模式，"约你"在 2014 年 7 月登录安卓平台，短短 1 个月便覆盖了全国 700 多个城市，得到了千万元级别的 A 轮融资。

"约你"通过对"无网+场景"的创造性开发，恰如其分地填补了社交领域的这一空白，取得了不错的成绩。因此，创业者在选择盈利点时，要尽可能地从创新角度切入，实现需求重构，在红海中创造出一片蓝海，给自身留下更广阔的盈利空间。

第三，以增值服务作为盈利点。即互联网企业通过为海量用户中的少量用户提供多样的、个性化的收费服务来实现盈利。互联网企业一般会将每个人都需要的服务认定为基础服务，基础服务免费可以获得海量的用户群，但并不是海量用户群中的每一个人都满足于这种基础服务，一些用户可能需要更深的服务，于是增值服务应运而生。

腾讯 QQ 是增值服务的典型代表。时至今日每个人都有一个 QQ 号，通常情况下，只要登录 QQ 就可以加朋友、聊天、视频、语音、发表状态或者传送图片，这些免费服务基本可以满足一般人的社交需求。但我们看到大多数使用免费服务的用户的空间和 QQ 皮肤、衣服都是最普通的装扮，一些追求个性的中学生、大学生们不满足于这些服务，他们喜欢将自己的社交空间装扮得与众不同，这时，腾讯 QQ 推出了各种蓝钻、粉钻功能来满足这些需求，尽管每个用户每个月只需 10 元就可以满足这些要求，但是腾讯有 6 亿用户，即使只有 1% 的用户需求，腾讯公司也能获得大量收益。

此外，大量网游公司也是依靠增值模式获利，初级用户玩某一款网游是免费的，但是想要玩得愉快，玩得尽兴，持续升级，超越别人，就要花钱买各种道具来升级武器，这样网游公司就拥有了一笔可观的收入。

以巨人集团开发的征途游戏为例，这款游戏不但让玩家免费玩，甚至还倒贴给玩家费用，这让传统游戏厂商傻了眼，但这款游戏后来产生的收益率却高得惊人，国内的植物大战僵尸也是免费玩的，但是其道具却十分昂贵。当下，免费玩游戏，付费买道具的模式已经成为网络游戏的核心盈利模式。

在移动互联网大潮的推动之下，传统的商业模式正在发生蜕变，跨界也给企业来带了更多的想象空间，盈利模式正朝着愈来愈多元化的方向发展。创业者要将视野和目光放得更加开阔和长远，不拘一格，改变依靠单一产品获利的传统模式。当然，传统企业只要通过跨界，培育自身的互联网基因，也可以在未来实现打造多元化的盈利点。

让内容直接变现

2015 年 9 月在北京召开的"头条号创作者大会"上，今日头条创始人兼 CEO 张一鸣宣布推出"千人万元计划"：为了能够更好地扶持优质内容的创作，"头条号"平台将确保至少 1000 个头条号创作者的保底月收入达到 1 万元以上。同时，今日头条还将在未来一年内重点扶持 100 个"群媒体"，保证其单月至少获得 2 万元的收入。

在移动互联网逐渐普及的今天，自媒体正如雨后春笋一般，欣欣向荣地发展着。前不久，罗振宇的《罗辑思维》完成了 B 轮融资，估值达到了 13.2 亿元，成为名副其实的自媒体首富。而随着自媒体的不断发展，越来越多的自媒体宣布估值过亿了。

其实，不仅仅是自媒体，广播剧、自制剧、动漫、手游等越来越多内容表现形式，给内容变现提供了渠道。互联网时代，内容变现有了更多的方式和更大的可能性。

从仙剑系列的热播开始，《剑侠情缘》《古剑奇谭》《天下 3》等知名游戏纷纷将自己的故事搬上荧幕。近年来，荧幕上活跃着的似乎都是过去一些人所熟知的小说、游戏和动漫。

《甄嬛传》《致我们终将逝去的青春》及最近热播的《伪装者》等，

都是根据红极一时的网络小说改编而成。尤其是与《伪装者》同为山影操刀制作的《琅琊榜》，凭借精良的制作和精彩的演技赢得了一片赞扬声。

与其他的热播剧类似，《琅琊榜》也是由同名小说改编而来（图8-5）。《琅琊榜》小说由海晏著作，曾获架空历史类年度网络最佳小说，在起点中文网也曾长期占据榜首，实体书一版再版，好评如潮，在豆瓣读书获得9.1分的高分，可以说是架空历史网络小说代表作，拥有数百万的读者和粉丝。

图 8-6 　《琅琊榜》手游海报

因此，乘着大 IP 的热潮，在 2014 年 11 月 4 日，掌上纵横正式对外宣布获得了《琅琊榜》小说、电视剧双重 IP 授权，除了电视剧之外，还推出了同名游戏，涵盖 PC 端和移动端。

小说的影响力奠定了电视剧的收视率，伴随着电视剧的热播，同名手游也在 App 排行榜上取得了不错的成绩。小说、电视剧和游戏三款不同领域的产品交互推广将《琅琊榜》这一品牌推向了巅峰。

单从电视剧的角度来讲，在《琅琊榜》播出后，出品方之一的儒意影业获得了天神娱乐 13.23 亿元的投资，估值从 1 年前的 15 亿元，涨到了 27 亿元。成立不到 5 年的儒意影业能够取得如此惊人的成绩，与其手中的 IP 和通过这些 IP 打造出来的影视剧产品是分不开的。

网络文化的崛起，让版权变现的道路越走越宽，这个时代，不仅仅是产品和服务能够带来收益，内容作为一种文化产品的存在，也可以直接变现，为企业实现盈利，贡献一臂之力。

在大多数人的印象中，内容与商业的关系还滞留在营销的认知层面，认为内容仅仅是为宣传产品和品牌服务的。最明显的一个例子就是，当一家自媒体为某一品牌说了好话之后，无论是否出自真心实意，都会被人认为是软广告，是内容营销。

不过，随着商业模式的转变，企业与用户之间的联系也发生了根本性的改变，线上的内容不再仅仅只能完成品牌和信息的传播，还能实现从线上到线下的引流，并且完成销售，转化为业绩，也就是形成所谓的闭环。

对互联网公司而言，从根本上来说，还是一个流量的问题，无论是什么样的变现模式，前提都是要有流量。尤其是主要靠广告收费的视频网站，流量就是安身立命之本，这是亘古不变的真理。

那么，视频网站用什么来吸引流量呢？用内容。

近三年以来，真人秀节目越发火爆，《爸爸去哪儿》《极速前进》《奔跑吧兄弟》等节目纷纷成为了各大地方卫视的收视保证，而这些综艺节目有一个共同特点就是播出时间很晚，很多不能熬夜或是晚上有活动的人便经常会出现看不到节目的状况。

因为有人不能随时随地看到自己想看的节目，所以，搜狐通过购买版权或达成转播协议的方式，为这些人转播这些真人秀节目。单单这一项，就为搜狐带来了巨大的流量和可观的广告收入。

不过，通过购买版权得到的内容，并不能形成用户黏性。即使凭借手中大量的版权，也只能吸引用户一时，却不能保证能长期吸引用户。况且，同样都是购买版权，用户更倾向于去那些广告更短的视频网站。视频网站想要黏住用户，就需要连续地提供有吸引力的内容。

因此，早在 2011 年起搜狐启动了网络自制剧，开始自己制作内容，从"买大片"过渡到了"拍大片"。最近两年，人们对于视频内容的需求数量不断上升，网络自制剧的质量也有了很大的提升。搜狐今年播出的《无心法师》，仅凭着自己一部无超级 IP、无大牌明星、无落地卫视的"三无身份"，就累计获得了 7 亿次的播放量（图 8-6）。

图 8-6　搜狐自制剧《无心法师》海报

除了搜狐之外，各家视频网站都在进行网络自制剧的制作，爱奇艺的《灵魂摆渡》、优酷的《万万没想到》等，都在互联网上热播。

虽然受欢迎的自制剧，成本也相应较高，但视频贴片、冠名赞助或是推出手游，以及收费观看等，都能给自制剧提供内容和流量变现的渠道。

无论是网络自制剧，还是花大价钱"淘回来"版权的视频内容，收费观看，可以说是最直接的内容变现的模式。而凭借内容起家的乐视，则一直将内容收费贯彻得很好。

2015 年 4 月 14 日，是乐视超级手机发布会举办的日子，两年前，在同样的场地，乐视举行了超级电视的发布会。今年，乐视在推出了超级手机之后，与推出了电视的小米矛盾进一步升级，而小米更是在小米电视 2S 的发布会上，矛头直指乐视。

虽然小米一厢情愿地把乐视当作了竞争对手，但从商业模式上来看，乐视与小米之间并没有到针锋相对的地步。虽然看似做的是同样的产品，但乐视采用的是"硬件免费，内容收费"的模式，与小米截然不同。

在发布会上，乐视控股集团创始人、董事长兼 CEO 贾跃亭宣布：只要缴纳会员费，可以免费获得手机，还送千元流量！

乐视超级手机的定价模式是这样的：每缴纳一年的会员费，就可以比裸机价便宜 300 元的价格购买手机，直至减到 0 元为止。按照乐视年费会员 490 元的价格来算，购买 5 年的会员就能够实现硬件完全免费。并且，在享受海量视频内容的同时，首年还将获得每月 6GB 的定向流量，最高可达千元。

包括小米在内，国内的手机厂商依然走的是以硬件盈利的道路，但乐视多年来一直试图打造一个内容生态圈，内容变现体系十分完善，通过内容和服务的收费来反哺硬件，可以说是给互联网手机品牌出了一个奇招。

另外，抛开乐视本身的内容变现体系不谈，优质内容的付费观看已经是大势所趋。从人人影视的停服、BT 资源站的关闭到百度文库的侵权事件，版权问题越来越受到人们的关注和重视。以 90 后为代表的消费群体，已经逐渐养成了对高品质内容付费的消费习惯，电子书、音乐、游戏、视频，只要是优质的内容，大多数人都愿意付费来观看和购买。因此，无论乐视能否成功，乐视所采用的这种内容变现的商业模式，都是值得期待的。

充分发挥大数据的价值

随着计算机、智能手机等各种设备快速进入人们的日常生活和企业的生产活动中，数据在整个世界范围内出现了爆炸性增长，可以说当前互联网的数据库中已经积累了海量的数据，而信息的快速发展再次加速了数据的积累速度，当前这个时代就可以称为大数据时代。

目前国内的互联网企业普遍认为大数据是在线的、能够反映用户需求和喜好的那些数据，对于事后统计的数据应该不称为大数据，对于这些看法在此先不谈，总之，大数据的时代已经到来，可以说，在未来的商业界，缺少数据资源，就无法谈企业，缺少大数据思维，企业就没有未来。

我国的互联网三巨头 BAT 无疑是数据驱动的企业。美国知名技术和市场调研企业弗雷斯特研究公司发布的一份报告中称阿里巴巴为"世界上最大的数字生态系统"。由此可见，阿里巴巴在大数据领域的强大实力，事实上，阿里巴巴目前几乎所有的业务都是依靠数据驱动的。

2014 年夏天，阿里巴巴数据分析师在对内衣销售数据分析后发现，65%B 罩杯的女性属于低消费顾客，而 C 罩杯及以上的顾客大多属于中等消费或高消费买家。事实上，在阿里巴巴每天上百万的订单量中隐藏着许多类似的大数据。

在 2013 年，阿里巴巴就已经组建起了 800 多人的数据平台团队，通过对这些数据的挖掘和利用将让阿里的平台变得更有效，让顾客更满意。阿里巴巴旗下各个平台和部门在日常运转中所搜集到的各种数据可以使阿里的决策者们分析出最全面、最详细的市场消费行为，进而做出最科学的判断和决策（图 8-7）。马云表示，对庞大的用户数据的挖掘和利用将是阿里巴巴决战未来的优先战略。

图 8-7　阿里巴巴与上海文广携手布局 DT 传播时代（摘自：新浪财经）

不同于国外互联网公司的专业性，阿里巴巴的这个平台上几乎涵盖了消费者线上线下生活的各个方面，无论是从深度还是广度上，依靠大数据，阿里巴巴都能迅速掌握用户群的喜好和需求，进而客观、理智地做出决策。通过对数据的有效管理，阿里巴巴可以清晰地掌握消费者如何进行支付，以及是否在移动端上完成支付。

阿里巴巴副主席蔡崇信向美国财经博客 Quartz 表示，下一步，阿里巴巴将利用大数据进入金融、医疗等看似与其本业不相关的领域。自 2010 年起，阿里巴巴已经利用其数据建立信用记录，向小微企业提供融资。

可见，通过大数据，企业可以用一种全新的视角来发现新的商业机会、重构新的商业模式。从前，企业发现一个商业机遇主要依赖于自己的经验和眼光，但在大数据时代，企业根据一些数据分析和结论对比就可以发现某个方面的商机，发现用户的喜好，进而设计出最具性价比的营销模式，最终赢得机会。同样，当一个行业的数据与另外一个行业的数据进行结合时，企业就可以通过大数据分析，构建出一个新的商业模式。

不仅是 BAT 三大巨头，大部分互联网企业在跨界做金融、媒体或者其他的行业时，首先把握的就是与这些决策相关的数据。可以说，真正的互联网企业一定是数据驱动的企业。以最典型的电商为例，就可以说明互联网公司与传统企业之间的巨大差距。

无论是在淘宝、天猫上，还是在京东、亚马逊、苏宁易购上，首先，每个用户都要注册一个自己的账号，这样电商每卖出一件商品，就会在其系统中生成一条详细的数据记录，而且可以以电子化的形式保留每一笔交易的销售明细，这样，电商企业就能够很容易知道自己的每一件产品卖给了谁、卖到了哪里。不仅如此，用户们在电商商店里进行查询搜索的记录也会被记录下来，所有的这些记录形成了一个个关于消费者的数据闭环，通过这些闭环，电商企业就可以源源不断地获得用户的数据。根据对大量的数据的处理和分析，企业就能够预测用户的喜好和需求的变化，及时推出符合用户需求的产品，这样自然就增强了电商企业与用户之间的黏性。而这些单靠传统企业的线下实体店是很难做到的。

大数据为企业带来的优势无须多说。同样，新的问题摆在眼前，企业如何做才能最大限度地实现大数据的价值？我们认为，在大数据时代，最好的途径是用大数据思维做好数据的挖掘工作，最大限度地发掘大数据的潜在价值。

所谓大数据思维，在《大数据时代》一书中维克托·迈尔·舍恩伯格列举了三种典型的思考方式：（1）需要某个业务全部的数据样本，而不仅仅是抽样调查；（2）关注数据的效率，而非精确度；（3）关注数据之间的相关性，而不是因果关系。由此可见，大数据的价值不在于量大，而在于有用，大数据思维的核心在于理解数据的价值，并通过数据来创造商业价值。

在雕爷牛腩的经营过程中，其创始人孟醒充分利用了大数据思维。雕爷牛腩在开业之前进行了长达半年的封测，并且邀请了大量明星和微博达人前来试吃，试吃过的人都会向自己的微博粉丝分享自己的用餐感受，粉丝也会进行大量回复。依靠这些信息互动的数据，就可以了解潜在消费者对雕爷牛腩的评价和期望，并将这些数据作为雕爷牛腩的菜品、环境和流程改造的依据。通过对这些互动数据的不断分析和挖掘，雕爷牛腩终于达到了用户的理想效果，结果一开业就火爆非凡，赢得了大量食客的肯定和追捧。

孟醒在开业之前进行封测并获得互动数据的想法无疑是明智的。在互联网企业的经营过程中，一切战略和想法都抵不过实实在在的数据，特别是具有互动信息的数据，这些数据正是雕爷牛腩实现盈利的主要依据。

对于企业经营者来说要懂得依靠数据来分析其背后蕴涵的信息和价值，甚至可以主动通过与某些潜在用户的联系挖掘出数据进行分析，最终实现企业的商业价值。

当然，数据及分析出来的结果本身并不能够为企业带来利益，只有行之有效的变现手段，才是充分发挥大数据价值的根本途径。也就是说，企业在明确了数据的解读方式和方向之后，依靠大数据和云计算获得了某个结果，针对这个结果企业必须拿出解决方案。因为大数据分析出的某种因果关系和趋势本来只能作为依据和参考，只有将在此基础上的决策执行下去，大数据才能够为企业带来价值。

在这里，不得不再一次提到小米。

众所周知，小米公司具有大量的"米粉"。如何从"米粉"身上获得大数据并实现商业价值呢？小米公司的策略是积极通过论坛、微博、微信等方式与"米粉"进行互动，获取互动信息数据，然后深度挖掘这些数据，判断用户的需求和喜好，最终根据这些结论制定出适当的营销策略，这样就会实现企业的获利。

2015 年 4 月 8 日，一年一度的"米粉节"开幕，在整个"米粉节"上，小米公司售出手机 211 万部、接近 4 万台小米电视、8 万台路由器和 77 万个智能硬件设备，仅仅一天销售额就达 20.8 亿元。为何小米公司的每次营销都能引得万人空巷、争先购买的场景呢？一方面是小米确实做出了令人尖叫的产品，另一方面则归功于小米对粉丝互动数据的挖掘和分析。

在 MIUI 论坛、朋友圈、微博中几乎都有小米粉丝的身影，仅仅在用户论坛上小米就拥有几千万的会员，这些会员的日发帖量超过 50 万字，仅仅在这个论坛上就存在大量的信息互动数据，根据这些互动数据，小米的工程师们能够最直观地知道手机和系统中的缺点，以及粉丝对新产品的期待，进而对小米的产品做出改善，满足用户的需求（图 8-8）。小米的成功也是自然而然了。

由此可见，对于互动数据的分析对于企业大有裨益，它不仅能够使企业生产的产品更加迎合消费者的需求，还能为企业带来更多的用户，进而使企业赢得社会声誉，最终带来可观的商业利润。

图 8-8　MIUI 论坛

在大数据时代，大数据为企业提供了一种全新的计算方法，在未来的商业和企业中，商业决策将会基于大数据的分析和推断变得更加理性和精准。但是这些理性的决策并不是诞生在一堆大数据之上的，获取数据、处理数据、分析数据、挖掘数据背后的深层含义才能使大数据发挥强大的作用，也就是说，企业只有提高处理大数据的能力，才能获得正确的决策和商机以赢得未来。

当然，通过互动信息数据分析用户的喜好和需求仅仅是数据挖掘的初级阶段，也是最浅显易懂、最直观的阶段，大数据的挖掘还有更加高级的方法，如通过大数据找到两种东西之间的关联，在关联性上植入新的商业增长点。

20 世纪 90 年代的沃尔玛超市中，超市的管理人员发现了这样一个有趣的现象：在一些情况下，超市里的啤酒与尿布这两件毫不相关的产品会出现在同一个购物篮中，经过后续调查发现，这种现象大都出现在年轻的父亲身上。

原来，在美国有婴儿的家庭里，一般是母亲在家带孩子，父亲去超市中购买尿布。父亲在买尿布时会顺道给自己购买啤酒，于是啤酒与尿布就出现在一个购物篮里。在这个过程中，假如父亲只能在超市中找到两件商品之一，则他很有可能会放弃购物而去另一家超市，直到可以同时买到尿布与啤酒为止。

沃尔玛超市发现了这一独特现象之后开始将啤酒和尿布放在相同的区域中，这样超市的营业额出现了提升趋势。

这一现象同样引起了美国学者们的注意，学者们通过分析超市购物篮中的商品集合，从而找出商品之间的关联关系和关联算法，并根据商品之间的关系来分析顾客的购买行为。后来，美国学者又从数学和计算机算法的角度提出了关于商品关联关系的计算方法并将其引入到 POS 机数据分析当中，这便是大数据挖掘的始端。

在大数据时代，企业必须树立大数据思维，在获取大量数据之后就要考虑如何去利用数据、发掘出数据的潜在价值，将数据与企业的业务相结合，实现大数据的商业价值。

突破流量变现的转换枷锁

对于当下的互联网企业来说，拥有了大量的流量，才能拥有销量，最后实现企业获利，在这个逻辑中天然地包含了一种思想，即企业必须坚持培养用户的流量，当流量足够大时便可以跨过临界点，实现获利。

毫无疑问，流量对于互联网产品的推广和互联网企业的发展有着重要意义，流量不仅仅意味着用户对某一款产品的关注度，从更深层次上说，流量也意味着企业拥有流量变现的可能，也就是说，有流量，企业才有利润。

正如印象笔记的创始人 Phil Libin 所说的，想让 100 万人为你的产品付费的最简单的方式是获得 10 亿用户。只有获得足够的流量，企业才能基于庞大的用户群体进行更深层次的操作。

不过，虽然没有流量是万万不能的，但是流量却也不是万能的。流量多，并不意味着流量的转换率就一定大。因此，企业要从传统的观念中跳出来，在关注流量的数量的同时，更要关注流量的质量。

流量是衡量企业综合能力的指标，而流量转换率则是用来衡量企业成熟度的指标。如果每 100 单位的流量能够带来 1 单位的购买力，那么流量转换率就是 1%。

企业固然需要流量，更加需要流量的转换率，假如流量很大，但是用户的留存率很低，那么依然是失败的流量。因此，企业必须将流量转换和长期运维作为自身发展的重中之重。

穷游、美剧、漫画、弹幕、瑜伽……越来越小众化的标签正在不断地颠覆和重塑着当下年轻人的身份，而在这些标签的背后，蕴藏的其实是一波又一波高精准度的流量。

对于流量而言，精准度是绕不开的难题。通常情况下，大流量能够换来大的成交量，这种观念在理论上是成立的，可是，没有人能够保证同样的流量能够带来同样水平的成交。流量能不能真正变现，流量总数只是一个重要参数，精准度才是其中关键。

以某电脑品牌进行线下宣传为例，同样招来 100 个流量，100 个电脑发烧友与 100 个对电脑丝毫不感兴趣的退休老年人，其转换为真实消费的概率显然是不一样的，这就是精准的重要性。

对于 O2O 创业者而言，在做流量导入时，一定要注意量"利"而行，尽可能地将引流对象锁定在与产品定位相符合的精准人群身上，这样，才能更好地实现流量到销量的转换。

具体来说，想要提高流量的精准度和转换率，方法其实有很多。

首先，业务细分。在向用户推广 App 时，最好告诉用户你的产品分别都有什么，能够为他们做些什么。让用户知道，倘若真的使用了你的 App，能不能一下子便解决自己的需求。这样用户才会感觉你的产品是与他有关系的，是值得一用的。

以大麦网为例，大麦网可以为用户提供各种演唱会、音乐会、话剧歌剧、体育比赛、电影、休闲度假等各种相关票务服务，在其 App 上，精准地将这些业务分成了 8 个部分：音乐会、亲子、体育、话剧、演唱会、日历、附近，以及签到，不同需求的人分别对应不同入口，分类简明易懂，用户用起来也方便快捷（图 8-9）。

图 8-9　大麦网首页截图

其次，用户细分。与业务细分类似，在将自己的 O2O 产品推向市场前，一定要根据产品特性将用户群体细分成几个模块，如学生、上班族、年轻老板等。这样，针对不同用户群体，在推广时选择不同的入口，并且投入不同的宣传资源，将优势资源侧重于使用率最高的主流用户群体，不仅可以有效提高流量的转换率，还可以达到省时省力的效果。

2012 年到 2014 年两年时间里，一个由 90 后学生以课程表为基础而展开的校园应用工具"超级课程表"几乎红遍了大江南北。超级课程表创始人余佳文在为产品做流量导入时，将用户精准地分成了两类，主打人群是想要实现便捷蹭课和交友的高校学生，第二目标人群则为想要进一步学习或重温校园生活的社会文化青年群体。锁定这两大目标后，超级课程表在做推广时几乎没有遇到任何瓶颈，只是根植于各大高校的 BBS 和少量媒体宣传，便在短时间内聚集了 800 万用户。截至 2015 年 7 月，超级课程表已经覆盖了全国 3000 多所大学，拥有注册用户 1600 多万。俨然已经成为了名副其实的超级"课程表"。

再次，注重沟通。在流量导入过程中，注意保持企业与用户及潜在用户的沟通是十分必要的，无论是在线下体验店中面对面地交流，还是通过在线客服、QQ 咨询等即时对话工具，通过对用户需求的深入挖掘和匹配，O2O 企业才能更好地让用户在自己的 App 或实体店中找到想要的内容，而不是另寻他处。

在雷军的要求下，小米堪称与用户沟通互动的典范，无论是小米的营销人员、产品研发人员，还是雷军本人，都始终坚持与用户保持着高度的沟通和互动，用户有任何需求，都可以通过微博、小米的微信客服，以及线下的小米服务之家来向小米公司进行反映，而小米方面也会尽可能给予用户满意的答案。即使你还没有购买任何一款小米产品，当你置身于小米服务之家中，你也会发现，能接受的服务仍然很多。如咨询非小米手机的一些常见故障、解决 Android 系统的突发问题、体验和了解小米产品等。总之，小米绝对不会放过任何一个与用户深度沟通，从而有效提升用户黏性的机会。

最后，完美体验。在 O2O 时代做产品推广和流量导入，一定不要认为精心设计客户体验不是非专业人士可以做并应该做的事情。事实上，在用户的脑海中永远不会考虑产品和服务的体验好不好是哪部分人的问题，他们只会觉得是这个品牌的问题，体验不好就是这个品牌不好。一旦产生这样的想法，那么这个用户便失去了。

所以，在进行用户调研时，结合自身企业的现状来挖掘用户的体验需求，从而努力做好初期体验，这也是 O2O 创业者抓住流量、提高流量转换率的重要手段之一。

当然，能够实现高效导流和变现的方法还有很多，在此不一一赘述了。相信每个创业者都能根据自身的实际情况，摸索出一条成功的导流捷径，实现市场突围。

全民互联的时代已经到来，跨界已经成为了一种不可逆的潮流和趋势，跨界之后，企业的盈利模式也必然要从传统的思维当中跳出来。无论是传统企业还是互联网企业，在进行盈利模式的选择时，无须拘泥于已有的形式，而是要更大胆地进行创新，探索未知的边界。

　　一本书的完成需要许多人的默默奉献，它所闪耀的并非个人的光辉，而是集体的智慧。在这里，一定要感谢那些在本书策划和编写过程中给予关心与帮助的人。

　　从互联网到移动互联网，一个全新的时代已经来临，当 O2O 如火如荼，当"互联网 +"从一个完全陌生的词汇变得耳熟能详，传统的行业正在被打乱重组，志存高远的创业者们也迎来了绝佳的创业时机。

　　Facebook 创始人马克·扎克伯格说，在互联网时代，创建一个价值上亿的企业算不得成功，让千万个人通过你的企业成为亿万富翁才算是真正的成功。这也是我从事多年营销咨询工作最大的心得。为了帮助更多人，我所创建的几家企业，珠海英捷企业管理顾问有限公司专门为创业者和企业经营者提供管理咨询服务，珠海英捷电子商务有限公司则为那些缺乏启动资金的人提供电子商务的创业和投资机会，珠海英捷文化传播有限公司则致力于帮助新兴企业和传统企业塑造全新的互联网文化，帮助其注入时代基因，力求从各个方面对那些拥有创业梦想的人予以最大的支持和帮助。

　　我知道，我做得还远远不够，全国有 6 亿人在夜以继日地思考着如何成功创业这个问题，而我所拥抱和影响的才仅仅是这些人中的千分之一。值得庆幸的是，通过这本书，我相信会有更多徘徊在移动互联网创业大门之外的人因为我而勇敢地闯进来，而且更轻易地触摸成功。

此时此刻，珠海英捷企业的每一位兄弟姐妹都在真诚地敞开怀抱，寄希望于用"开放、互联"的经营理念，帮助那些O2O时代的创业者开创出一条明媚的道路，让在跨界转型中的传统企业经营者、让在O2O领域、在微商创业路上的伙伴们不再孤单和无助。

为了更好地将我的实践经验、将我在梦想之路上的心得分享给大家，在我的团队的支持下，我还会在全国范围内举行"微时代"的互联网思维、企业的综合实力运用、客户服务创新与变革、整合营销与新媒体工具运用、营销策划和实施流程等公开课，言传身教地为每一位听众指点创业迷津。同时，这本书也是我想要与大家分享的研究成果之一。

不管未来有多远，这样的事情我会一直做下去，努力帮助每一个人抓住成功的台风口，从而一飞冲天，这是我的梦想，也是我始终执著如一的动力所在。我希望这样的课题研究能够为创业者的创业工作、为大家的企业经营带来积极的帮助，如此，我当无比欣慰。

当然，我更希望的是，这本书能够成为一座桥梁，连接你我，让我们在前进的道路上互通有无，共同释放"互联网+"的力量，实现创业梦，实现中国梦！

作者